またたびニット

三國万里子

matatabi knit　mariko mikuni

文化出版局
bunka publishing bureau

この本の撮影初日の、夕食会でのことです。

はじめましての挨拶をした後、

市川実日子さんが、一組の手袋を見せてくれました。

「これ、覚えていますか？」

緑色のベースに小さな星をたくさん編み込んだ、

地味にカラフルな指無し手袋。

もちろん。

もちろん覚えています。

二十数年前、わたしが駆け出しの「編みもの作家」だった頃、

東京の代々木上原のカフェで年に一度、

手編みニットの販売会を開いていて、

その手袋は数十点作ったうちの、一番のお気に入りだったから。

それにしてもなぜ市川さんが持っているのでしょう？

聞けば彼女は二十数年前、偶然そのカフェにふらりと立ち寄り、

手袋を見つけて、気に入って買ってくれたのだそうです。

そんなことがあるものだろうか。

ご縁というもののありえなさにぼうっとなりながら、

渡された手袋を眺めると、それらはとても幸せな表情になっていました。

ぺったり平らにフェルト化し、指の伏止めは少しほつれはじめていて、

「けっこう自分たち、役に立ったんですよ」とフニャッと笑っているようです。

手袋から思い出が、するするとほどけてきます。

そうでした。
その販売会を開いていた頃、
わたしは家で、来る日も来る日も編んでいました。
息子がまだ幼く、手がかかり、
お金や時間のゆとりがなかなか持てませんでした。
たまに、どこか遠くに行きたいと思うことがあっても、
「今はもっと他に、やらなければいけない大事なことがあるから」と、
そういう気持ちは心の隅に封じることにしていました。
それでもふと、こうも思いました。
わたしが旅に出られなくても、わたしが編んだものたちは、
やがていろんな人に買われていく。
そうしたら新たな持ち主の元で、日々の役に立ち、
いずれどこか遠くに連れていってもらえるかもしれない、と。

2023年、春のはじめの夕方、北海道の小さなレストランで、
わたしは自分の編んだ手袋が本当に、
長い旅をさせてもらったことを知ったのです。

三國万里子

CONTENTS

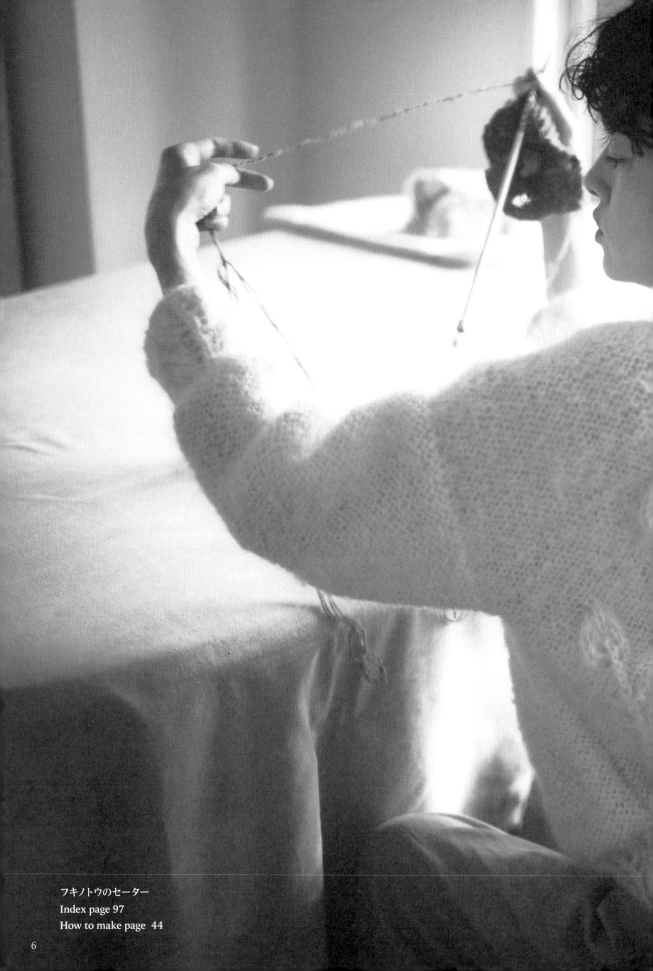

フキノトウのセーター

ダリアのマフラー

サボテンの靴下

アイスのミトン

青と黄色の帽子

スキーヤーの帽子

上：海のミトン　　　下：白い帽子

白い貝のセーター

花のボディス

ピエロ衿

ムササビのフェアアイルカーディガン

もじゃもじゃパーカ

アナトリア柄のセーター
Index page 107
How to make page 78

matatabi knit
materials

この本で使用した糸
商品情報は、2023年10月現在のものです。

ジェイミソンズ シェットランドスピンドリフト
太さ 中細
品質 ウール100%
仕様 25g玉巻き（約105m）

DARUMA チェビオットウール
太さ 並太
品質 ウール100%（チェビオットウール）
仕様 50g玉巻き（約92m）

Miknits アラン
太さ 極太
品質 ウール100%
（スペインウール56%、ニュージーランドウール20%、ブルーフェイス16%、チェビオット8%）
仕様 30g玉巻き（約48m）

Miknits アンゴラ
太さ 極細
品質 アンゴラ50%、ウール50%
仕様 1gあたり約6m（糸玉での販売はありません）

Miknits カシミヤ
太さ 極細
品質 カシミヤ100%
仕様 20g玉巻き（約84m）

Miknits キッドモヘア
太さ 極太
品質 モヘヤ（キッドモヘヤ）75%、ウール25%
仕様 30g玉巻き（約36m）

［毛糸に関するお問合せ先］
DARUMA（横田）
http://daruma-ito.co.jp/

Miknits（ほぼ日）
https://www.1101.com/store/miknits

ジェイミソンズオブシェットランド
https://www.jamiesonsofshetland.co.uk/

［棒針編みの基礎］

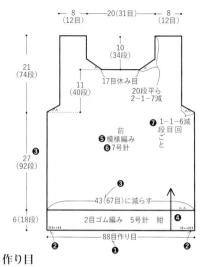

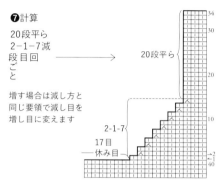

記号図で表わした場合

❼計算

20段平ら
2−1−7減
段目回
ごと

増す場合は減し方と
同じ要領で減し目を
増し目に変えます

❶ 編始め位置
❷ ゴム編みの端目の記号
❸ 寸法(cm)
❹ 編む方向
❺ 編み地
❻ 使う針
❼ 計算

作り目

針にかかった目から編み出す方法

1 左針に1目めを指で作る

2 1目めに右針を入れ、糸をかけて引き出す

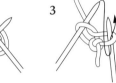

3 引き出した目を左針に移す。右針は抜かないでおく

4 移した目が2目めになる

5 2〜3と同様に糸をかけて引き出し、左針に移す

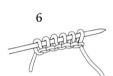

6 必要目数作る。表目1段と数える

指に糸をかける方法

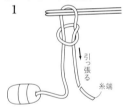

1 糸端から編み幅の約3倍の長さのところに輪を作り、棒針をそろえて輪の中に通す

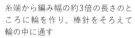

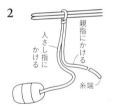

2 輪を引き締める。1目の出来上り

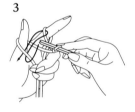

3 糸玉側を左手の人さし指に、糸端側を親指にかけ、右手は輪を押さえながら棒針を持つ。指にかかっている糸を矢印のようにすくう

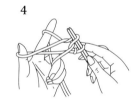

4 すくい終わったところ

5 親指にかかっている糸をはずし、その下側をかけ直しながら結び目を締める

6 親指と人さし指を最初の形にする。3〜6を繰り返す

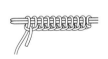

7 必要目数を作る。表目1段と数える

8 2本の棒針の1本を抜き、糸のある側から2段めを編む

別鎖で目を作る方法

1 編む糸と近い太さの糸で鎖編みを編む

2 必要目数より1〜2目多く、ゆるめに編む

3 鎖の編終りの裏山に針を入れる

4 必要目数拾う。表目1段と数える。拾うときは、鎖の編終りから糸をほどいて棒針に移す

編み目記号

編み記号は編み地の表側から見た操作記号です。
かけ目、巻き目、すべり目、浮き目を除き、1段下にその編み目ができます

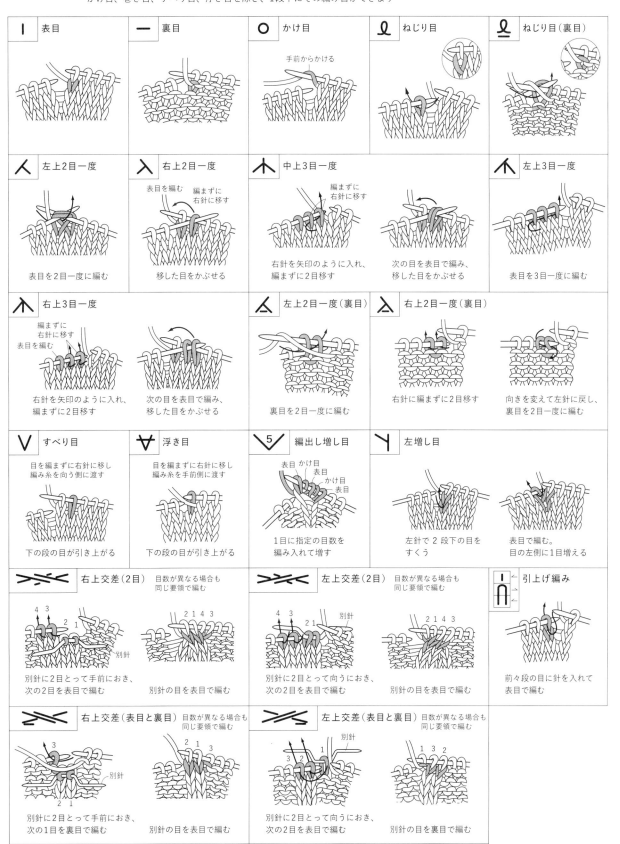

Ｉ 表目	― 裏目	Ｏ かけ目 手前からかける	ℓ ねじり目	ℓ ねじり目（裏目）
人 左上2目一度 表目を2目一度に編む	入 右上2目一度 表目を編む／編まずに右針に移す／移した目をかぶせる	木 中上3目一度 編まずに右針に移す／右針を矢印のように入れ、編まずに2目移す／次の目を表目で編み、移した目をかぶせる		太 左上3目一度 表目を3目一度に編む
木 右上3目一度 編まずに右針に移す／表目を編む／右針を矢印のように入れ、編まずに2目移す／次の目を表目で編み、移した目をかぶせる		左上2目一度（裏目） 裏目を2目一度に編む	右上2目一度（裏目） 右針に編まずに2目移す／向きを変えて左針に戻し、裏目を2目一度に編む	
Ｖ すべり目 目を編まずに右針に移し編み糸を向う側に渡す／下の段の目が引き上がる	浮き目 目を編まずに右針に移し編み糸を手前側に渡す／下の段の目が引き上がる	5 編出し増し目 表目 かけ目 表目 かけ目 表目／1目に指定の目数を編み入れて増す	Ｙ 左増し目 左針で2段下の目をすくう／表目で編む。目の左側に1目増える	
右上交差（2目）目数が異なる場合も同じ要領で編む 別針に2目とって手前におき、次の2目を表目で編む／別針の目を表目で編む 4 3 2 1 別針 2 1 4 3		左上交差（2目）目数が異なる場合も同じ要領で編む 別針に2目とって向うにおき、次の2目を表目で編む／別針の目を表目で編む 4 3 2 1 別針 2 1 4 3		引上げ編み 前々段の目に針を入れて表目で編む
右上交差（表目と裏目）目数が異なる場合も同じ要領で編む 別針に2目とって手前におき、次の1目を裏目で編む／別針の目を表目で編む 3 別針 2 1 2 1 3		左上交差（表目と裏目）目数が異なる場合も同じ要領で編む 別針に2目とって向うにおき、次の2目を表目で編む／別針の目を裏目で編む 別針 3 2 1 1 3 2		

編込み

糸を横に渡す編込み

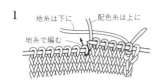

1
地糸は下に / 配色糸は上に / 地糸で編む

配色糸の編始めは結び玉を作って右針に通してから編むと目がゆるまない。結び玉は次の段でほどく

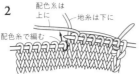

2
配色糸は上に / 地糸は下に / 配色糸で編む

裏に渡る糸は編み地が自然におさまるように渡し、引きすぎないようにする

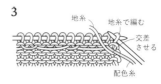

3
地糸 / 地糸で編む / 交差させる / 配色糸

往復編みの場合は、編み地を持ち替えたら、編み端は必ず糸を交差させてから編む

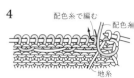

4
配色糸で編む / 配色糸

配色糸を地糸の上に置いて編む糸の渡し方の上下は、いつも一定にする

糸を縦に渡す編込み

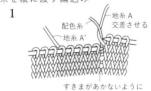

1
配色糸 / 地糸A 交差させる / 地糸A'

配色糸と地糸を交差させて、すきまがあかないように糸を引く

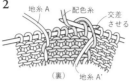

2
地糸A / 配色糸 / 交差させる / (裏) / 地糸A'

地糸は糸を替えるところで新しい糸玉で編む

目の止め方

● 伏止め

1
端の2目を表目で編み、1目めを2目めにかぶせる

2
表目を編み、かぶせることを繰り返す

3
最後の目は引き抜いて糸を締める

☻ 伏止め（裏目）

1
端の2目を裏目で編み、1目めを2目めにかぶせる

2
裏目を編み、かぶせることを繰り返す

3

最後の目は引き抜いて糸を締める

1目ゴム編み止め（輪編み）

1
編終りの目 / 3 2

1の目を飛ばして2の目の手前から針を入れて抜き、1の目に戻って手前から針を入れ、3の目に出す

2
4 3 2 1

2の目に戻って向うから、4の目の手前から針を入れる。以降、表目どうし、裏目どうしに針を入れる

3
編終りの目 / 1

編終り側の表目に手前から針を入れ、1の目に針を出す

4
2 1

編終りの裏目に向うから針を入れ、ゴム編み止めをした糸をくぐってさらに2の裏目に抜く

5

止め終わったところ

とじ・はぎ

引抜きはぎ

1
中表に合わせ、端の目にかぎ針を入れ、糸をかけて引き抜く

2
2目めに針を入れ、1で引き抜いた目と一緒に引き抜く

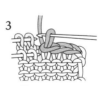

3
2を繰り返す

引抜きとじ

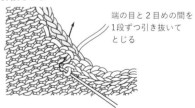

端の目と2目めの間を1段ずつ引き抜いてとじる

メリヤスはぎ（伏止めしていない場合）

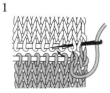

1

メリヤス目を作りながらはぎ合わせる。表を見ながら、右から左へはぎ進む

2

糸は編み目の大きさに合わせて引く

メリヤスはぎ（伏止めしている場合）

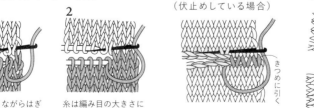

きつめに引く

すくいとじ

1目めと2目めの間の渡り糸を1段ずつ交互にすくう

引返し編み

編み残す引返し編み

◎左側

1

5目残す

引返し編みの手前まで編む

2

ゆるまないようにかけ目
すべり目

編み地を持ち替えて、かけ目、
すべり目をする

3

裏目　すべり目　かけ目

裏目を編む

◎右側

表目　すべり目　かけ目　5目残す

引返し編みの手前まで編む。編み
地を持ち替えて、かけ目、すべり
目をする。続けて表目を編む

段消し

編み残す引返し編みが終わったら、かけ目の処理をしながら1段編む。これを段消しという。
裏目で段消しをするときは、かけ目と次の目を入れ替えて編む

◎左側

かけ目と次の目を
2目一度に編む　　段消しをする

2目一度　4目

2目一度
5目　　4目

段消し

◎右側

かけ目と次の目を
入れ替えて
2目一度に編む　　段消しをする

入れ替えて
2目一度　4目

5目

編み進む引返し編み

糸を切る

1段め

糸をつける(引返しの1段め)

拾い目

1

糸を切る

1段め中央の目

拾い目

両側で引返し編みする場合は、1段めの糸を切る

2

糸をつける

5目編み進む

1段めの
編始め

すべり目

かけ目

糸をつけて引返しの1段めを編む。編み地を裏に返し、
かけ目、すべり目して2段めを編み、さらに5目編み進む

3

かけ目　すべり目

2目一度　中央の10目

5目　すべり目

かけ目

編み地を表に返し、かけ目、すべり目して3段めを編む。
前段のかけ目と次の目を2目一度に編み、段消しをしな
がら編み進む

5目編み進む　2目一度

中央の10目

5目　すべり目
かけ目

4

目を入れ替えて
2目一度

5目
編み進む

5目　中央の10目　5目　すべり目
かけ目

編み地を裏に返し、かけ目、すべり目して4段めを編む。
前段のかけ目と次の目を入れ替えて2目一度に編み、段消
しをしながら端の目まで編む

5

5目
編み進む

2目一度

5目　中央の10目　5目　5目

編み地を表に返し、5段めを編む。前段のかけ目と次の目を
2目一度に編み、段消しをしながら端の目まで編む

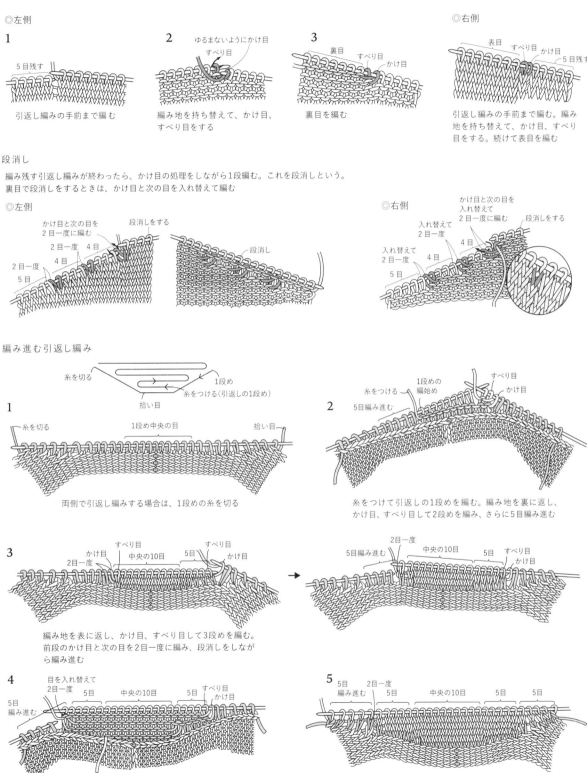

[かぎ針編みの基礎]

作り目

糸端を輪にする作り目

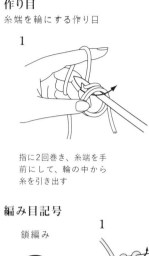

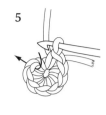

1　指に2回巻き、糸端を手前にして、輪の中から糸を引き出す

2　鎖編みを1目編む。この目は立上りの目という

3　立上りの鎖1目　輪の中に針を入れて1段めを必要目数編み、最初の目の頭に針を入れて引き抜く

4　1段めを編み入れたら、糸端を引いて輪を引き締める

5　輪の中に針を入れて1段めを必要目数編み、最初の目の頭に針を入れて引き抜く

編み目記号

鎖編み

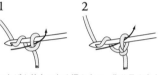

引抜き編み

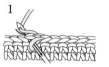
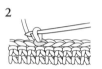

いちばん基本になる編み方で、作り目や立上りに使う　　前段の編み目の頭に針を入れ、糸をかけて一度に引き抜く

細編み

立上りに鎖1目の高さを持つ編み目。針にかかっている2本のループを一度に引き抜く

中長編み

立上りに鎖2目の高さを持つ編み目。針に1回糸をかけ、針にかかっている3本のループを一度に引き抜く

長編み

立上りに鎖3目の高さを持つ編み目。針に1回糸をかけ、針にかかっているループを2本ずつ2回で引き抜く

長々編み

立上りに鎖4目の高さを持つ編み目。針にかかっているループを2本ずつ3回で引き抜く

長編み5目のパプコーン編み

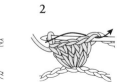

同じ目に長編みを5目編み入れます。針を抜き、矢印のように入れ直し（**1**）、目を引き出す（**2**）。
引き出した目がゆるまないように、鎖編みを1目編む（**3**）。鎖編みが目の頭になる。
目数が異なる場合も、同様に編む

根もとがついている場合
前段の1目に全部の目を編み入れる。前段が鎖編みのときは、鎖目の1本と裏山をすくって編む

根もとがついていない場合
前段が鎖編みのとき、一般的には鎖編みを全部すくって編む。束（そく）にすくうという

42

【　糸　】Miknits カシミヤ
　　　　　ブラック165g、ローズレッド140g
【用　具】4/0号かぎ針
【ゲージ】モチーフの大きさ　11cm四方
【サイズ】幅15.5cm、長さ139.5cm(タッセルを除く)

【編み方】糸は1本どりで、指定の配色で編みます。
　　　　　モチーフはブラックで輪の作り目をし、5段めでローズレッド
　　　　　に替え、7段めまで編みます。全部で34枚編みます。モ
　　　　　チーフにアイロンをかけ、配置図のように半目の巻きかが
　　　　　りで輪につなぎます。タッセルを作ってつけます。

モチーフ　34枚

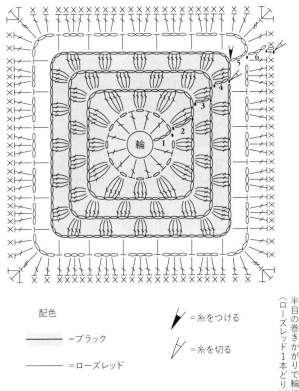

モチーフの配置図

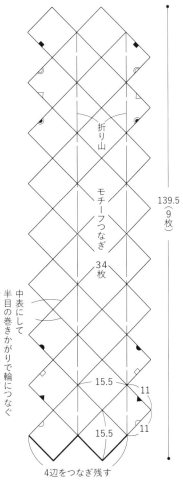

折り山

モチーフつなぎ

34枚

139.5
(9枚)

中表にして
半目の巻きかがりで輪につなぐ
(ローズレッド1本どり)

4辺をつなぎ残す

15.5

15.5

11

11

15.5

139.5

表に返してから
半目の巻きかがり
(ローズレッド
1本どり)

9

タッセル
ローズレッド
9cmの厚紙に
2本どりで
40回巻き

配色

—— =ブラック

—— =ローズレッド

➤ =糸をつける

➤ =糸を切る

半目の巻きかがり

2枚の編み地を突合せにし、
それぞれの最終段の頭の
内側1本ずつに針を入れて
かがる

[タッセルの作り方]　わかりやすいように糸を変えていますが、すべて同じ糸で作ります。

1

厚紙に糸を指定回数巻き、中央に輪
に結んだ糸を通し、矢印のようにル
ープに糸をくぐらせる。

2

引き締める。中央の糸を端に寄せ、
厚紙から外す。

3

別糸の端にループを作り、上からぐ
るぐる巻く。長いほうの糸端を別糸
のループに通す。

4

短いほうの糸端を強く引き、3で巻い
たところにループを隠す。余分な糸
をカットし、房を切りそろえる。

【　糸　】Miknits キッドモヘア
　　　　　オフホワイト515g
【用　具】12号、15号2本棒針　12号4本棒針
【ゲ ー ジ】裏メリヤス編み、模様編みB　13.5目17段が10cm四方
【サ イ ズ】胸回り120cm、着丈59.5cm、ゆき丈68.5cm

【編み方】糸は1本どりで編みます。
前後身頃は、針にかかった目から編み出す方法で82目作り目し、12号針で模様編みAを編みます。15号針に替え、後ろは裏メリヤス編みと模様編みB、前は裏メリヤス編みと模様編みCで編みます。肩は引返し編みをし、衿ぐりは減らしながら編みます。肩を引抜きはぎにします。袖は前後から目を拾い、15号針で裏メリヤス編みを編み、12号に替えて模様編みA'を編み、前段と同じ記号で伏止めにします。衿ぐりは輪に目を拾い、15号針でガーター編みを編み、裏目で伏止めにします。脇、袖下をすくいとじにします。後ろ身頃に刺繍をします(p.77参照)。

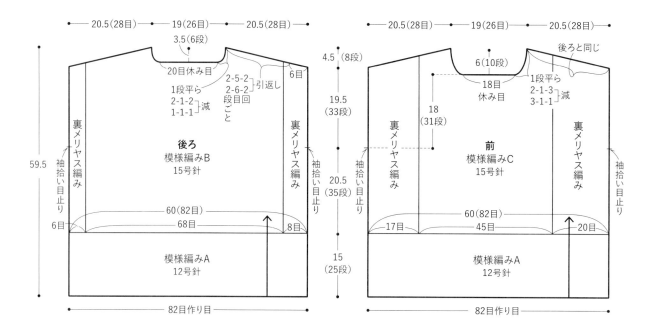

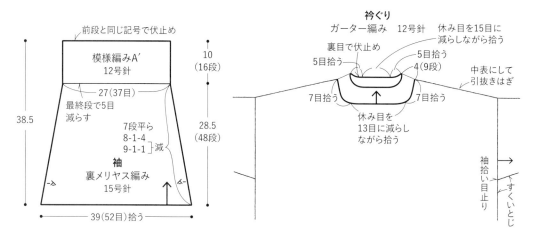

模様編みAの記号図

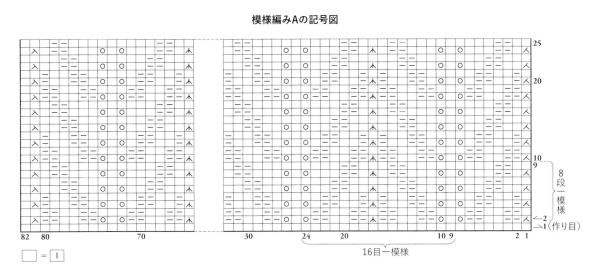

$\square$ = $\boxed{\text{I}}$

模様編みA′の記号図

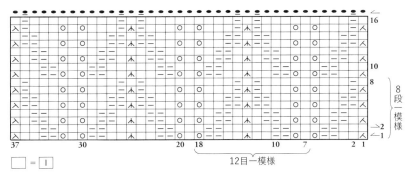

$\square$ = $\boxed{\text{I}}$

ガーター編みの記号図

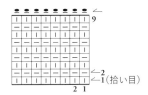

次ページへ続く

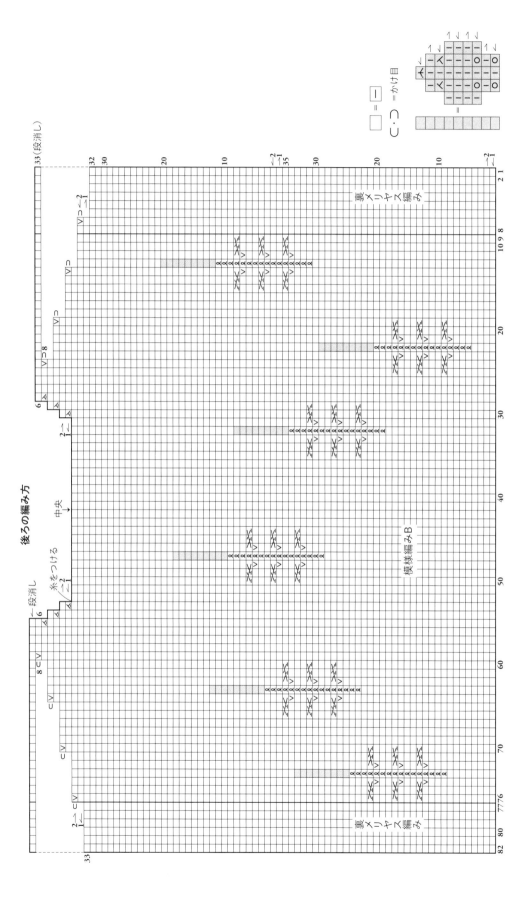

後ろの編み方

模様編みB

中央

糸をつける

段消し

33（段消し）

裏メリヤス編み

= ‖

□ = |

⌒・⌒ ＝かけ目

46

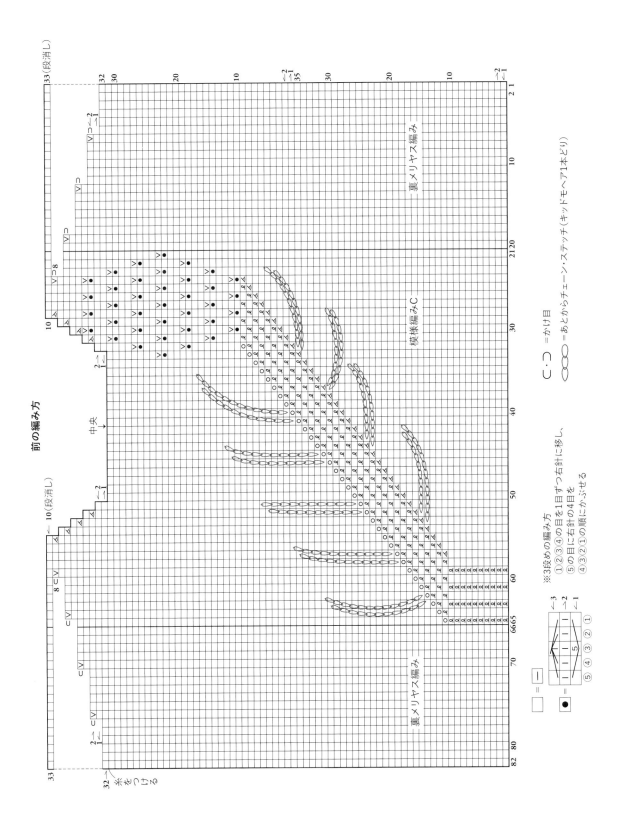

p.9　蔦の靴下

【　糸　】Miknits アラン
　　　　　生成り105g
【用具】7号4本棒針（短）
【ゲージ】模様編みA、メリヤス編み　20目26段が10cm四方
【サイズ】足の大きさ21.5cm、長さ24.5cm

【編み方】糸は1本どりで編みます。
　右足を編みます。針にかかった目から編み出す方法で40目作り目して輪にし、1目ゴム編みを15段編みます。足首を模様編みAで37段編みますが、1段めで36目に減らして編み、最終段で40目に増します。ヒールフラップを模様編みBで往復に増減なく編み、かかとをメリヤス編みで引返し編みをしながら編みます。このとき甲の21目（☆）は休み目にしておきます。指定の位置から輪に目を拾い、メリヤス編みで図のように減らしながら10段編みます。続けて底と甲を増減なく26段編み、つま先を図のように減らしながら12段編み、残った18目を9目ずつメリヤスはぎにします。左足はつま先を対称に編みます。

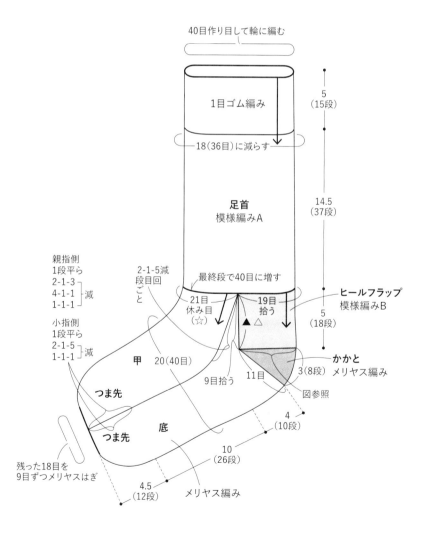

40目作り目して輪に編む

1目ゴム編み

5
(15段)

18(36目)に減らす

足首
模様編みA

14.5
(37段)

親指側
1段平ら
2-1-3
4-1-1 }減
1-1-1

2-1-5減
段目ごと回

最終段で40目に増す

21目
休み目
（☆）

19目
拾う

ヒールフラップ
模様編みB

5
(18段)

▲ △

小指側
1段平ら
2-1-5 }減
1-1-1

甲　20(40目)

9目拾う

11目

かかと
3(8段) メリヤス編み

図参照

つま先

つま先

底

4
(10段)

10
(26段)

残った18目を
9目ずつメリヤスはぎ

4.5
(12段)

メリヤス編み

右足の編み方
※左足はつま先の小指側と親指側を対称に編む

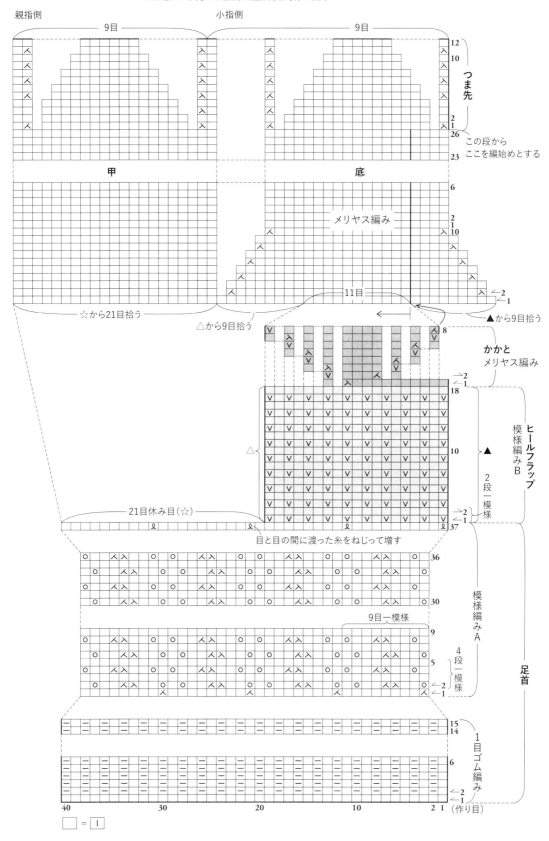

親指側

9目

小指側

9目

12
10

つま先

2
1
26 この段から
23 ここを編始めとする

甲

底

6

メリヤス編み

2
1
10

11目

☆から21目拾う

△から9目拾う

▲から9目拾う

2
1

8

かかと
メリヤス編み

2
1
18

ヒールフラップ
模様編みB

10
▲

2段一模様

21目休み目(☆)

目と目の間に渡った糸をねじって増す

2
1
37

36

30

9目一模様

9

5

模様編みA

4段一模様

2
1

足首

15
14

6

1目ゴム編み

2
1

40
30
20
10
2 1 (作り目)

□ = |

49

【　糸　】Miknits アラン
　　　　　レッド110g
【 用 具 】7号4本棒針（短）
【 ゲ ー ジ 】模様編みA、A'、メリヤス編み　20目26段が10cm四方
【 サ イ ズ 】足の大きさ21.5cm、長さ25.5cm

【 編 み 方 】糸は1本どりで編みます。
右足を編みます。針にかかった目から編み出す方法で40目作り目して輪にし、ガーター編みを6段編みます。足首を模様編みAで48段編み、甲の6目を編み、ヒールフラップを模様編みBで往復に増減なく編み、かかとをメリヤス編みで引返し編みをしながら編みます。このとき甲の21目（★・☆）は休み目にしておきます。指定の位置から輪に目を拾い、底をメリヤス編み、甲を模様編みA'で図のように減らしながら10段編みます。続けて底と甲を増減なく26段編み、つま先を図のように減らしながら12段編み、残った18目を9目ずつメリヤスはぎにします。左足はつま先を対称に編みます。

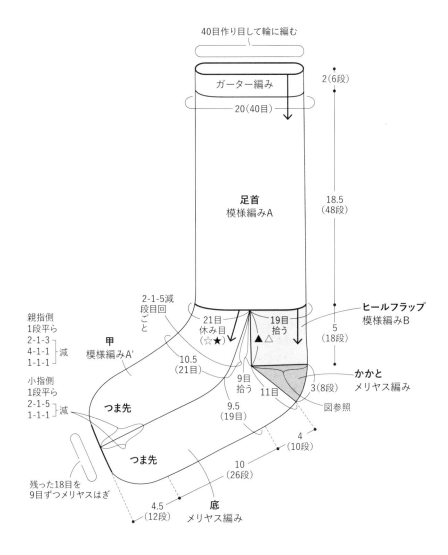

40目作り目して輪に編む

ガーター編み
2（6段）
20（40目）

足首
模様編みA

18.5
（48段）

ヒールフラップ
模様編みB

21目
休み目
（☆★）
19目
拾う

5
（18段）

親指側
1段平ら
2-1-3
4-1-1　減
1-1-1

甲
模様編みA'

2-1-5減
段目回

10.5
（21目）

9目
拾う

かかと
メリヤス編み

11目
3（8段）
図参照

小指側
1段平ら
2-1-5　減
1-1-1

つま先

9.5
（19目）

つま先

4
（10段）

10
（26段）

残った18目を
9目ずつメリヤスはぎ

4.5
（12段）

底
メリヤス編み

右足の編み方
※左足はつま先の小指側と親指側を対称に編む

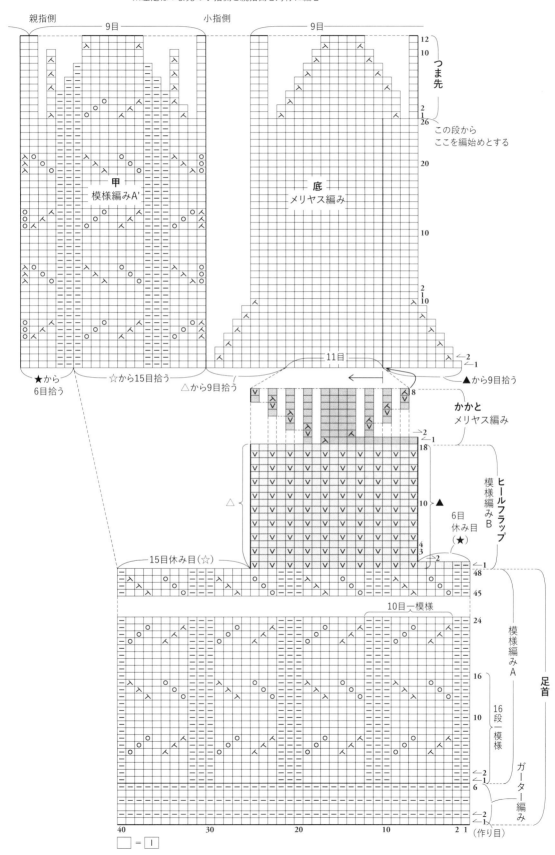

親指側　9目　小指側　9目　つま先

甲
模様編みA'

底
メリヤス編み

12
10
2
1
26
この段から
ここを編始めとする

20

10

2
1
10

★から
6目拾う

☆から15目拾う

△から9目拾う

11目

▲から9目拾う

かかと
メリヤス編み

2
1
8
18

△

ヒールフラップ
模様編みB

10　▲

6目
休み目
（★）

2
4
3
1

15目休み目（☆）

48
45

10目一模様

24

模様編みA

16段一模様

16

16段一模様

10

足首

2
1
6

ガーター編み

2
1

40　30　20　10　2　1　（作り目）

☐ = I

51

【　糸　】Miknits アラン
　　　　　ネイビー430g、生成り105g、イエロー少々
【 用 具 】12号、14号輪針(80cm)　14号4本棒針
【ゲージ】メリヤス編み　16目21段が10cm四方
　　　　　模様編み　21目が10cm、1模様が4cm
【サイズ】胸回り102cm、着丈54.5cm、ゆき丈73.5cm

【 編 み 方 】糸は1本どり、指定の配色で編みます。
　　　　　身頃2枚は、別鎖で目を作る方法で74目作り目し、14号針でメリヤス編みを増しながら編み、休み目にします。袖2枚も同様に36目作り目して輪にし、14号針で模様編みを全体で増しながら編みます。40目に減らし、メリヤス編みを全体で増しながら編み、休み目にします。身頃と袖の4目ずつをメリヤスはぎにし、脇をすくいとじにします。ヨークは14号針で、身頃と袖から目を増しながら輪に拾い、模様編みを全体で減らしながら編み、編終りはイエローで伏止めにします。裾は、別鎖をほどいて144目輪に拾い、12号針で変りゴム編みを編んで1目ゴム編み止めにします。袖口も同様に目を拾い、14号針でメリヤス編み1段を編んでイエローで伏止めにします。

身頃
※同じものを2枚編む

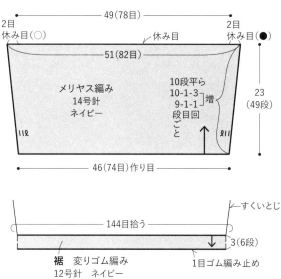

袖
※同じものを2枚編む

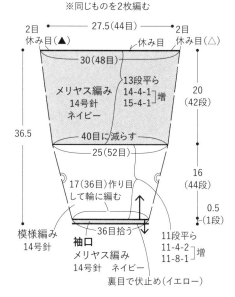

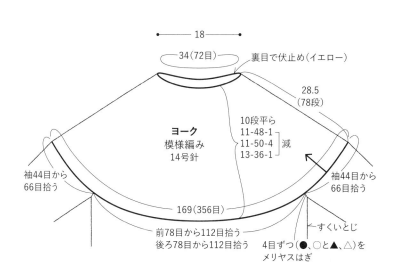

袖の編み方

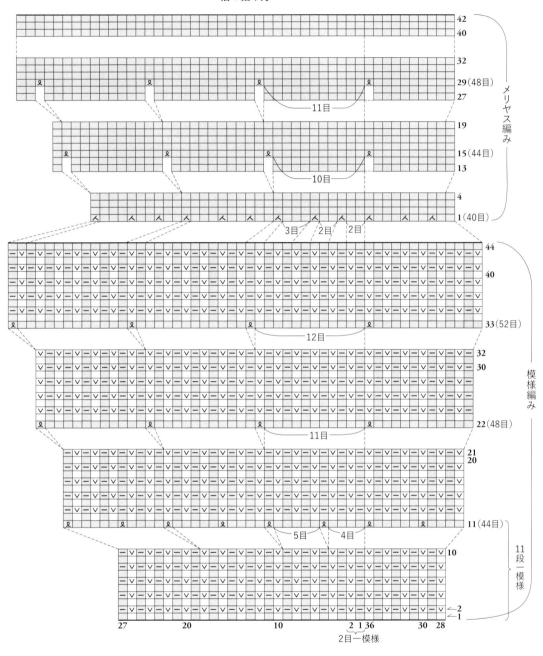

メリヤス編み

11目

10目

3目 2目 2目

模様編み

12目

11目

5目 4目

11段一模様

2目一模様

裾の編み方
変りゴム編み

2段一模様

2目一模様

袖口の編み方

イエロー

←1(拾い目)

□ = | |

■ = ネイビー

□ = 生成り

※指定の目数を繰り返して増減する

次ページへ続く

ヨークの編み方　模様編み

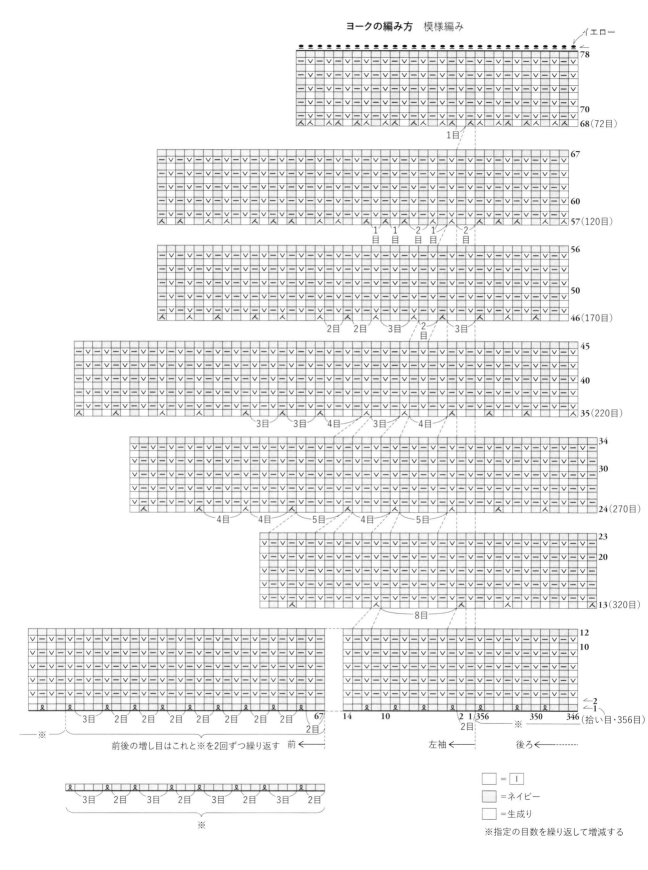

イエロー

78
70
68(72目)
1目

67
60
57(120目)
1目 1目 2目 1目 2目

56
50
46(170目)
2目 2目 3目 2目 3目 1目

45
40
35(220目)
3目 3目 4目 3目 4目

34
30
24(270目)
4目 4目 5目 4目 5目

23
20
13(320目)
8目

12
10
←2
←1(拾い目・356目)

67
2目
3目 2目 2目 2目 2目 2目 2目 2目
14　10　2 1 356　350　346
2目

※　前後の増し目はこれと※を2回ずつ繰り返す　前←　　左袖←　　後ろ←‥‥‥‥

3目 2目 3目 2目 3目 2目 3目 2目
※

□ = |
▨ =ネイビー
□ =生成り
※指定の目数を繰り返して増減する

54

【　糸　】Miknits アラン
　　　　生成り570g
【用　具】8号、10号2本棒針
【ゲージ】模様編みA　17目23.5段が10cm四方
　　　　模様編みB、B'　16目が7cm、23.5段が10cm
　　　　模様編みC　25目23.5段が10cm四方
【サイズ】胸回り116cm、着丈64cm、ゆき丈74cm

【編み方】糸は1本どりで編みます。
　　　　前後身頃は、針にかかった目から編み出す方法で作り目し、10号針で模様編みA〜Cを編みます。あき止りから左右に分けて編み、肩は引返し編みをし、段消しをしながら指定の目数に減らします。袖も同様に作り目し、模様編みAで増しながら編み、編終りは伏止めにします。袖口は作り目から目を拾い、8号針でねじり1目ゴム編みを編み、前段と同じ記号で伏止めにします。肩を引抜きはぎにし、脇、袖下はすくいとじにします。裾は作り目から輪に目を拾い、8号針でねじり1目ゴム編みを編みます。袖を引抜きとじでつけます。

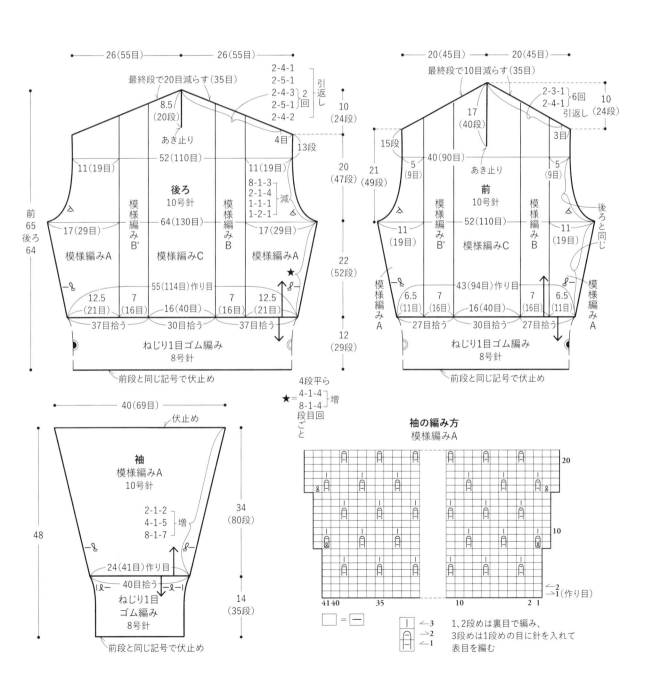

次ページへ続く

前、後ろの
編み方

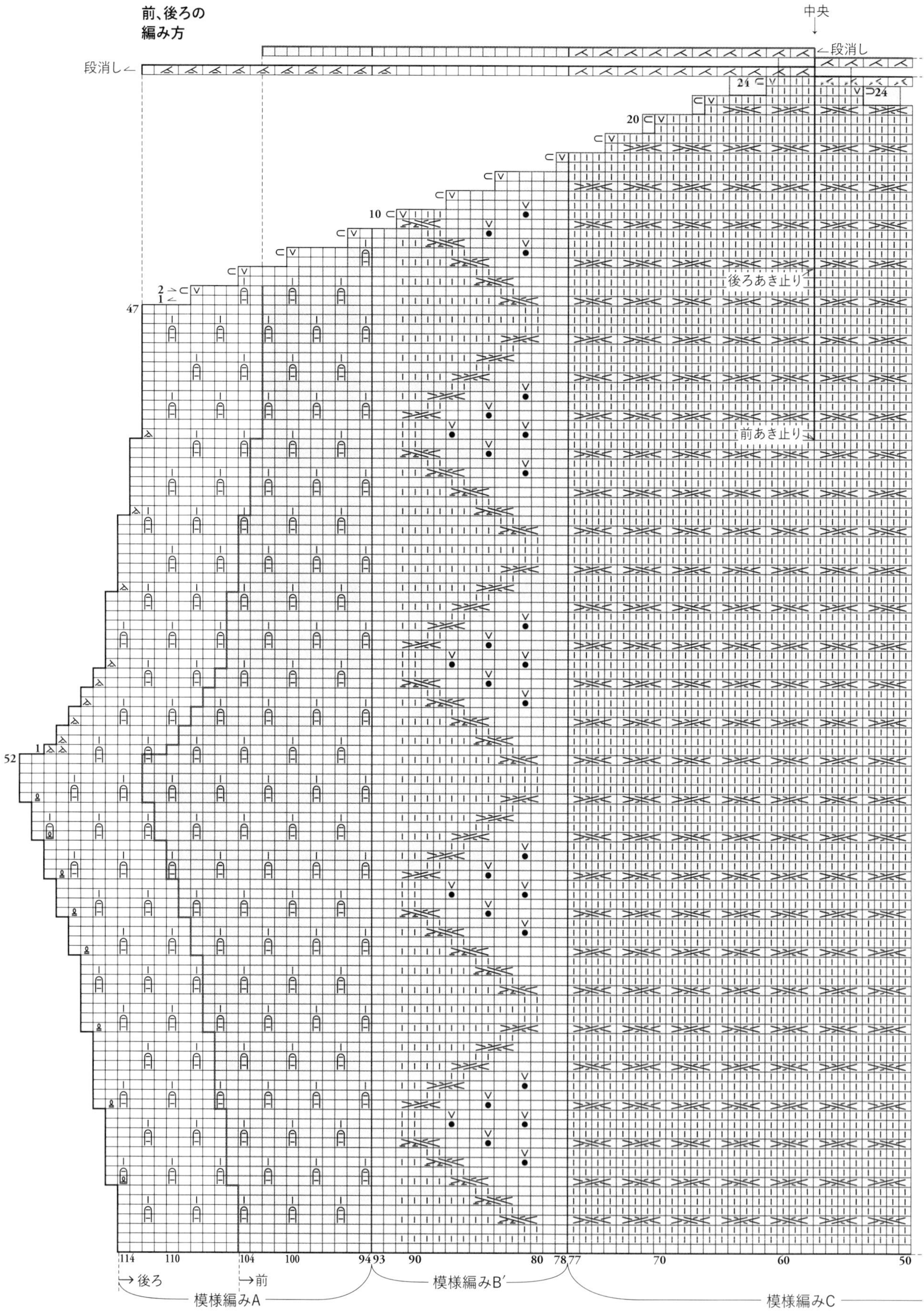

中央

段消し←

←段消し

段消し→

後ろあき止り

前あき止り

24

20

10

2→
1←

47

52
1

114　110　104　100　94 93　90　80　78 77　70　60　50

→後ろ　→前

模様編みA

模様編みB′

模様編みC

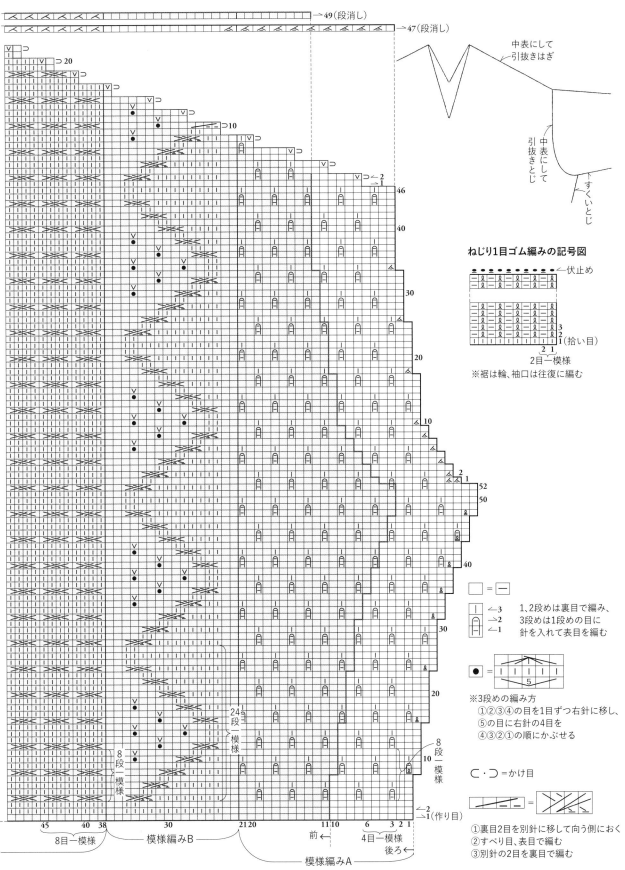

→49（段消し）

→47（段消し）

→20

→10

⊐2
←1

46

40

30

20

←10

2
1

52
50

40

←3
→2
←1

30

20

24段一模様

8段一模様

←2
→1（作り目）

中表にして
引抜きはぎ

中表にして
引抜きとじ

すくいとじ

ねじり1目ゴム編みの記号図

←伏止め

3
2
1（拾い目）

2目一模様

※裾は輪、袖口は往復に編む

□ = ─

1、2段めは裏目で編み、
3段めは1段めの目に
針を入れて表目を編む

● = 5

※3段めの編み方
①②③④の目を1目ずつ右針に移し、
⑤の目に右針の4目を
④③②①の順にかぶせる

⊂・⊃＝かけ目

①裏目2目を別針に移して向こう側におく
②すべり目、表目で編む
③別針の2目を裏目で編む

45 40 38

8目一模様

30

模様編みB

21 20

前 ←

11 10

6

3 2 1

4目一模様

後ろ ←

模様編みA

8目一模様

10

8段一模様

57

【　糸　】Miknits アラン
　　　　　生成り650g
【用　具】8号、10号2本棒針　10号輪針(80cm)　8号輪針(60cm)
【その他】幅2cmのゴムテープ68cm
【ゲージ】模様編みA　17目23.5段が10cm四方
　　　　　模様編みB、B'　16目が7cm、23.5段が10cm
　　　　　模様編みC　8目が3cm、23.5段が10cm
【サイズ】ウエスト66cm、股上(前)27.5cm、股下76cm

【編み方】糸は1本どりで編みます。
右股下は、針にかかった目から編み出す方法で作り目し、10号針で模様編みA〜Cを往復に編み、続けて股上の12段を編んで休み目にします。左股下も同様に作り目し、対称に編みます。足首は、作り目から目を拾い、8号針でねじり1目ゴム編みを編み、前段と同じ記号で伏止めにします。股下をそれぞれ筒状にすくいとじにし、股上の前側と後ろ側をすくいとじにします。前中央に糸をつけ、股上の休み目から輪に目を拾い、股上の続きを編みます。引返し編みをし、ベルトを裏メリヤス編みで編んで伏止めにします。ウエストの始末をします。

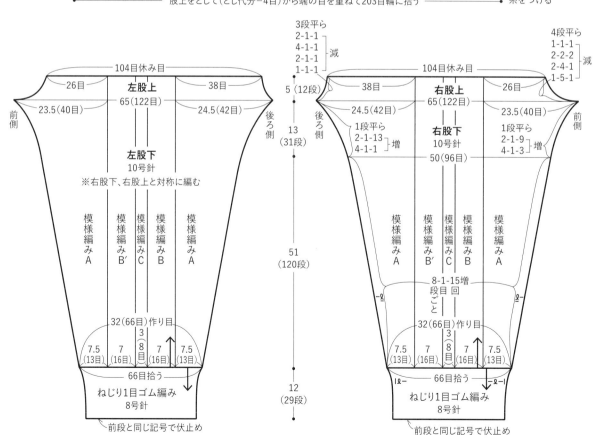

右股下と右股上の編み方 ※左股下と左股上は対称に編む

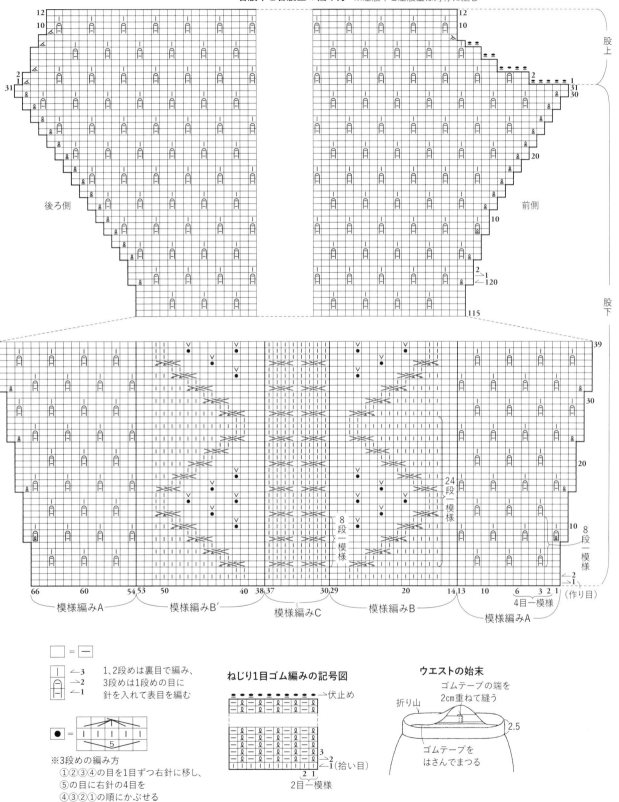

後ろ側

前側

股上

股下

模様編みA　模様編みB′　模様編みC　模様編みB　模様編みA

24段一模様

8段一模様

8段一模様

4目一模様

□ = —

│ ←3
→2
←1

1、2段めは裏目で編み、
3段めは1段めの目に
針を入れて表目を編む

● = │ │ │ │ │
　　　　5

※3段めの編み方
①②③④の目を1目ずつ右針に移し、
⑤の目に右針の4目を
④③②①の順にかぶせる

ねじり1目ゴム編みの記号図

→伏止め

3
←2
←1(拾い目)

2
1

2目一模様

ウエストの始末

ゴムテープの端を
2cm重ねて縫う

折り山

2.5

ゴムテープを
はさんでまつる

次ページへ続く

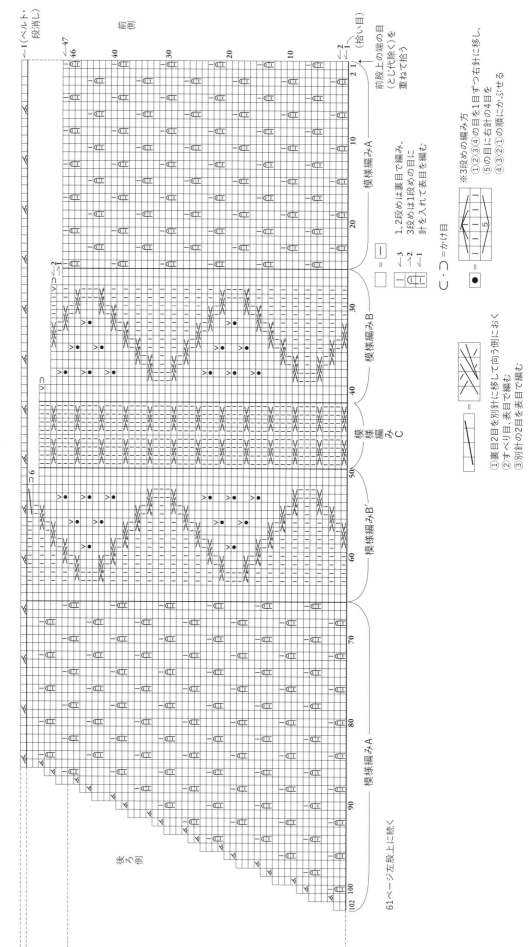

股上と引返し、ベルトの1段めの編み方

右股上

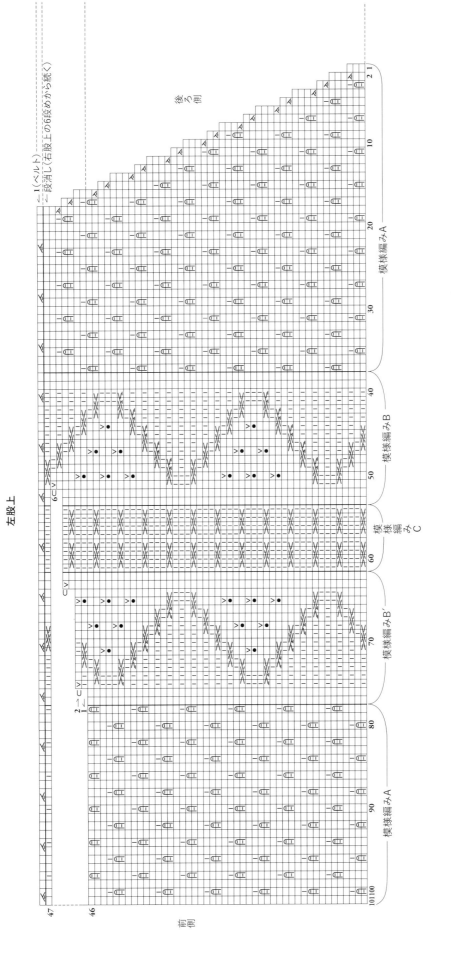

左股上

模様編みA

模様編みB

模様編み C

模様編みB′

模様編みA

後ろ側

前側

←1（ベルト）
←二段消し（右股上の6段めから続く）

61

【　糸　】Miknits キッドモヘア
　　　　　A.クラウディブルー　B.ベビーピンク　C.レモンイエロー
　　　　　各45g
　　　　　Miknits アラン
　　　　　A.生成り、水色　B.エメラルド、フューシャピンク　C.フ
　　　　　ォレストグリーン、イエロー　各20g
【 用　具 】12号4本棒針（短）
【 ゲ ー ジ 】模様編み　14目34段が10cm四方
【 サ イ ズ 】てのひら回り20cm、長さ23cm

【 編 み 方 】糸は指定の本数と配色で編みます。
カフは、針にかかった目から編み出す方法で12目作り目し、ガーター編みで48段編み、伏止めにします。作り目側とメリヤスはぎで輪にします。てのひらと甲はカフから輪に目を拾って模様編みで編みますが、親指穴の下側は別糸を通して休み目にし、上側の目を作ります。指先をメリヤス編みで図のように減らし、残った4目に糸を通して絞ります。親指穴から輪に目を拾い、親指をメリヤス編みで編みます。もう1つは対称に親指穴をあけて編みます。

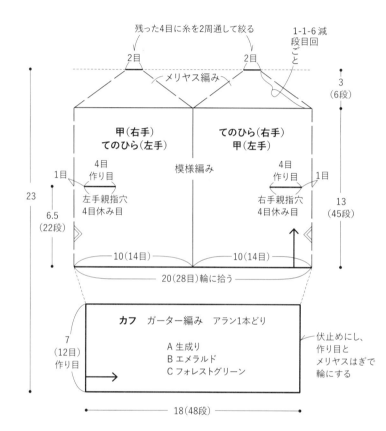

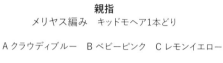
親指
メリヤス編み　キッドモヘア1本どり

A クラウディブルー　B ベビーピンク　C レモンイエロー

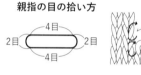 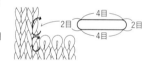

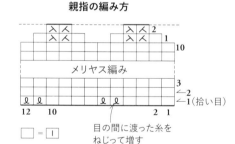
親指の編み方

目の間に渡った糸をねじって増す

□ = □

［巻き目の作り目］　親指穴の目に別糸を通して休み目にしてから、目を作ります。

1　親指穴の休み目の上側に巻き目で目を作る。手前から向う側に向かって針に2回巻く。

2　1つめのループをつまんで針にかぶせる。

3　かぶせたところ。糸を引き締める。

4　2、3を繰り返して4目作り目する。

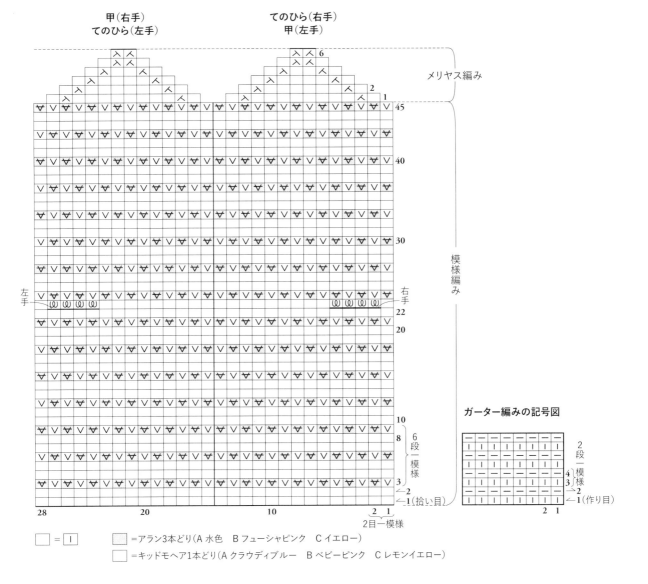

甲（右手）
てのひら（左手）

てのひら（右手）
甲（左手）

メリヤス編み

模様編み

左手

右手

6段一模様

ガーター編みの記号図

2段一模様

←1（作り目）

28   20   10   2 1

2目一模様

□ = ＿＿ =アラン3本どり（A 水色 B フューシャピンク C イエロー）

□ =キッドモヘア1本どり（A クラウディブルー B ベビーピンク C レモンイエロー）

［親指穴の目の拾い方］　針にかかる目数が均等になるように、2本め、3本めの針で適宜拾います。

1 別糸に通した休み目の4目を針に移す。

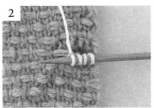

2 新しい糸で下側の4目を表目で編む。

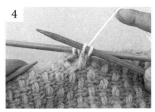

3 親指穴の左隣の目（p.62図参照）に2本めの針を入れ、ねじりながら1目編む。2目めは1段上の目を同じ要領で編む。

4 下側の4目と親指穴の左隣の2目拾ったところ。

5 上側の1目め。作り目の根もとの糸2本がクロスしているところを、2本一度に針を入れて拾う。

6 表目を編む。

7 同じ要領で4目編む。

8 3と同じ要領でねじり目で2目編み、全部で12目拾ったところ。

【　糸　】Miknits アラン
　　　　　セルリアンブルー50g、水色、イエロー各20g、生成り15g
【用　具】10号、12号4本棒針
【ゲージ】模様編み　20目25段が10cm四方
【サイズ】頭回り44cm、深さ24.5cm

【編み方】糸は1本どり、指定の配色で編みます。
　　　　　針にかかった目から編み出す方法で88目作り目して輪にし、
　　　　　10号針で1目ゴム編みを31段編みます。12号針に替え、模
　　　　　様編みを増減なく40段編みます。トップを図のように減らし、
　　　　　残った22目に糸を1目おきに2周通して絞ります。

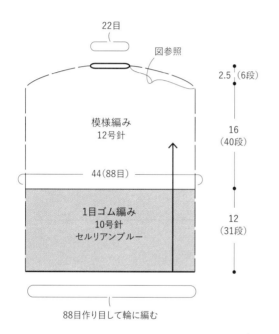

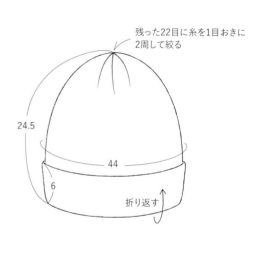

22目
図参照

2.5（6段）

模様編み
12号針

16
（40段）

44（88目）

1目ゴム編み
10号針
セルリアンブルー

12
（31段）

88目作り目して輪に編む

残った22目に糸を1目おきに
2周して絞る

24.5

44

6

折り返す

［模様編み］　ここでは別針を使わない方法を紹介していますが、6段めの交差の際に、別針を使用してもかまいません。

1
模様編み1段め。裏目3目編み、ドラ
イブ編みを編む。右針に手前側から
向う側に向かって2回巻きつける。

2
1の糸を巻きつけたまま次の目に針
を入れ、表目を編む。ドライブ編み
が1目編めた。同様にドライブ編み
をもう1目編む。

3
2段め。新しい糸をつけて表目3目編
み、前段のドライブ編み2目をすべり
目する。以降、この2目は4段めまで
毎段すべり目をする。

4
5段め。裏目2目編み、ドライブ編み
1目、すべり目2目、ドライブ編み1目
を編む。

模様編みとトップの減し方

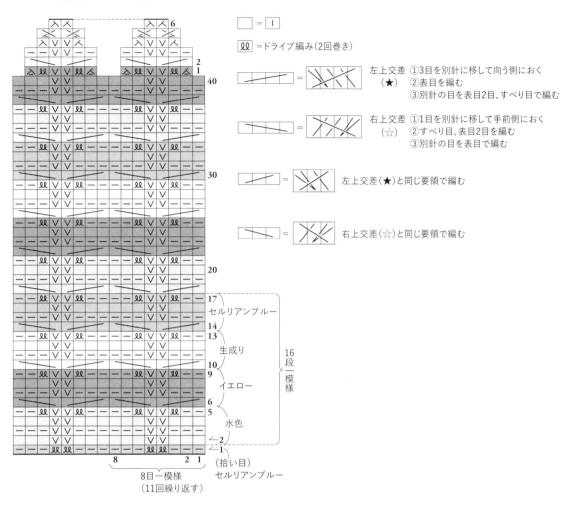

$\boxed{} = \boxed{\text{I}}$

$\boxed{\text{ℓℓ}}$ =ドライブ編み(2回巻き)

左上交差　①3目を別針に移して向う側におく
（★）　　②表目を編む
　　　　　③別針の目を表目2目、すべり目で編む

右上交差　①1目を別針に移して手前側におく
（☆）　　②すべり目、表目2目を編む
　　　　　③別針の目を表目で編む

= 左上交差(★)と同じ要領で編む

= 右上交差(☆)と同じ要領で編む

6
2
1
40
30
20
17
14
13
10
9
6
5
2
1

セルリアンブルー
生成り
イエロー
水色

16段一模様

(拾い目)
セルリアンブルー

8　　　2 1
8目一模様
(11回繰り返す)

5

6段め。新しい糸をつけ、1でドライブ編みして以降毎段すべり目した目に針を入れ、表目を編む。左針から目を外さないでおく。

6

左針に目をかけたまま、表目2目編む。

7

4で編んだドライブ編みをすべり目する。左針の目を外す。

8

次の目(1でドライブ編みして、以降毎段すべり目した目)を左針から外す。

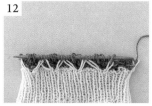

9

次の目(4で編んだドライブ編み)をすべり目し、表目2目編む。

10

8で外した目を左針に戻す。

11

表目を編む。

12

6段めが編み終わったところ。3~6段めを繰り返す。

p.17　スキーヤーの帽子

【　糸　】Miknits アラン
　　　　　ネイビー90g
　　　　　Miknits キッドモヘア
　　　　　オフホワイト15g
【 用 具 】12号2本棒針　毛糸刺繍針
【 そ の 他 】アップルトン クルーウェルウール（刺繍用）
　　　　　ライムイエロー（997）、ターコイズ（525）、スカーレット
　　　　　（501A）、テラコッタ（124）各少々
【 ゲ ー ジ 】メリヤス編み、メリヤス編みの編込み模様
　　　　　17.5目22段が10cm四方
【 サ イ ズ 】頭回り52.5cm、深さ18cm

【 編 み 方 】糸は1本どり、指定の糸で編みます。
　折返しは、針にかかった目から編み出す方法で90目作り目し、2目ゴム編み、2目ゴム編みの編込み模様を編みます。メリヤス編みの2段めで92目に増します。本体は、折返しを裏返して目を拾い、メリヤス編み、メリヤス編みの編込み模様で増減なく24段編みます。トップを図のように減らし、残った28目に糸を1目おきに2周通して絞ります。脇はすくいとじにします。刺繍をします（p.77参照）。

本体

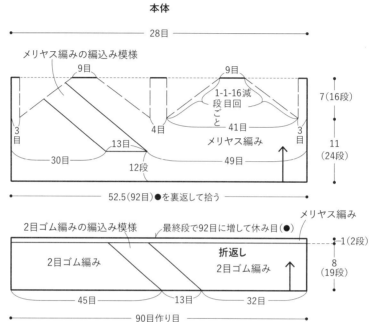

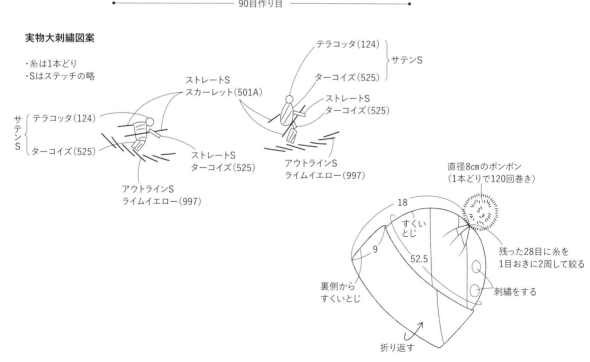

実物大刺繍図案

・糸は1本どり
・Sはステッチの略

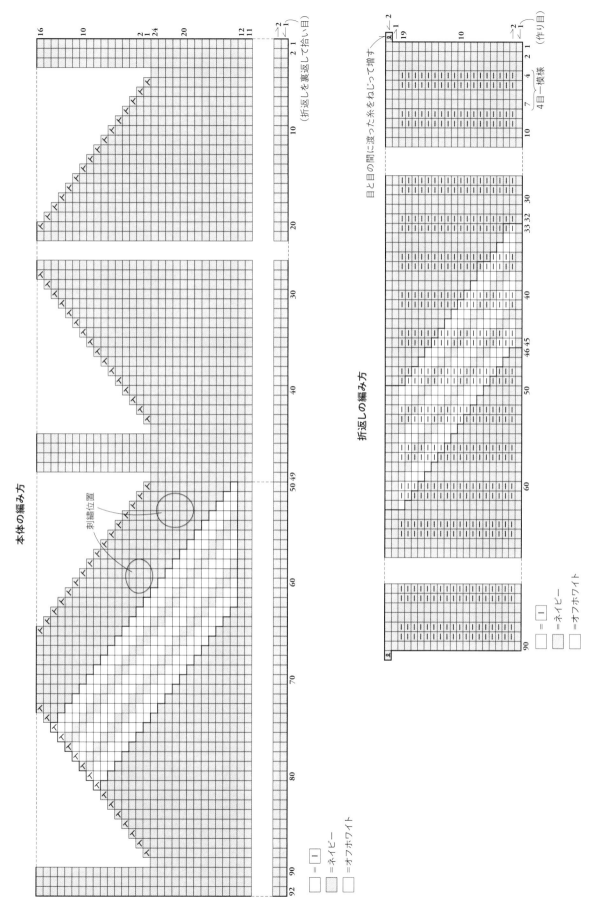

本体の編み方

折返しの編み方

目と目の間に渡った糸をねじって増す

刺繍位置

4目一模様

(折返しを裏返して拾い目)

(作り目)

□ = ☐ 1
☐ =ネイビー
☐ =オフホワイト

□ = ☐ 1
☐ =ネイビー
☐ =オフホワイト

【　糸　】Miknits アラン
　　　　　イエロー35g、ネイビー30g、生成り20g
【 用 具 】7号、9号4本棒針（短）
【 ゲ ー ジ 】模様編み　21目36段が10cm四方
【 サ イ ズ 】てのひら回り20cm、長さ22cm

【 編 み 方 】糸は1本どり、指定の配色で編みます。
針にかかった目から編み出す方法で36目作り目して輪にし、
7号針で1目ゴム編みを編みます。9号針に替えて指定の
位置で増し、親指のまちの目を作ります。2段めでてのひら
と甲を42目に増し、模様編みと親指のまちの1目ゴム編み
の縞模様を続けて19段めまで編みます。親指のまちを休
み目にし、てのひらと甲を輪に編み、指先を図のように減ら
し、残った7目に糸を通して絞ります。休めておいた親指の
まちから輪に目を拾い、親指を1目ゴム編みの縞模様で編
みます。同じものをもう1つ編みます。

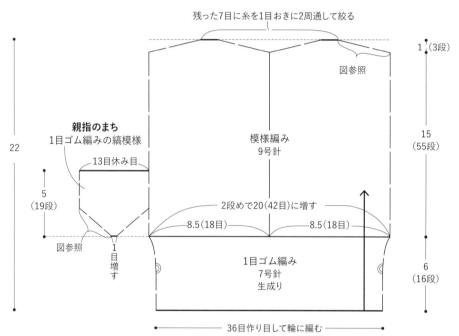

てのひらと甲
※同じものを2枚編む

残った7目に糸を1目おきに2周通して絞る

1（3段）

図参照

親指のまち
1目ゴム編みの縞模様

13目休み目

模様編み
9号針

15
（55段）

22

5
（19段）

図参照

1目増す

2段めで20（42目）に増す

8.5（18目）　8.5（18目）

1目ゴム編み
7号針
生成り

6
（16段）

36目作り目して輪に編む

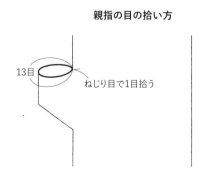

親指の目の拾い方

13目

ねじり目で1目拾う

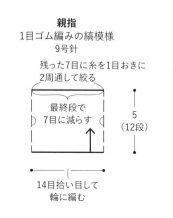

親指
1目ゴム編みの縞模様
9号針

残った7目に糸を1目おきに
2周通して絞る

最終段で
7目に減らす

5
（12段）

14目拾い目して
輪に編む

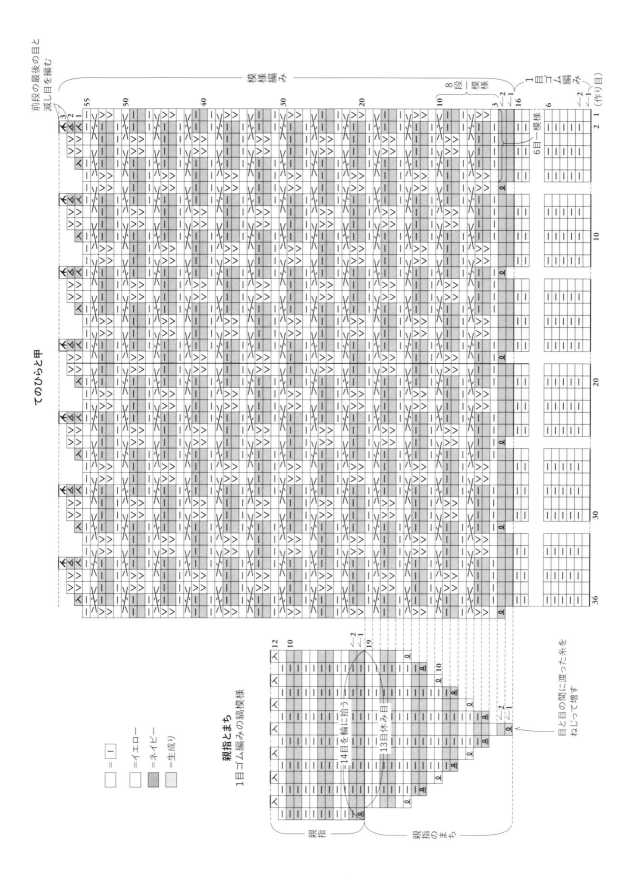

てのひらと甲

親指とまち
1目ゴム編みの縞模様

= I

= イエロー

= ネイビー

= 生成り

p.27　　ピエロ衿

【　糸　】Miknits アンゴラ
　　　　　スカーレット(16)10g、ブルーグレー(13)5g
【 用 具 】2号2本棒針　4/0号かぎ針
【その他】直径1.3cmのボタン1個
【ゲージ】ガーター編みの縞模様　18目が6.5cm、57段が10cm
【サイズ】衿回り30.5cm、衿幅6.5cm

【編み方】糸は1本どり、指定の配色で編みます。
　　　　　針にかかった目から編み出す方法で18目作り目し、ガーター編みを6段編みます。続けてガーター編みの縞模様で引返し編みをしながら編み、ガーター編みを5段編んで伏止めをします。4/0号針でボタンかけループを編みます。指定の位置の裏側にボタンをつけます。

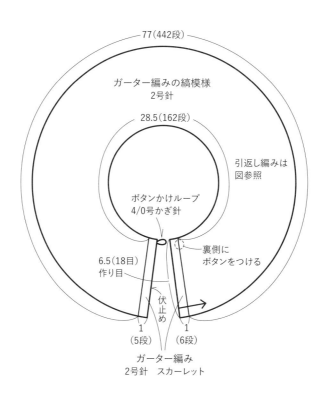

［引返し編み］　作品はガーター編みのため段差が目立ちにくいので、かけ目をしない方法を採用しています。

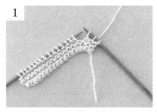

1　1段め（表）。編み進む引返し編み。3目編み、15目編み残す。このまま裏返す。

2　2段め（裏）。糸を向うにおき、1目めをすべり目する。

3　続きを表目で編む。

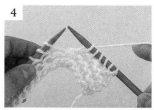

4　3段め（表）。表目を6目編む。3目めの2で引き返した目も同様に表目で編む。

5　同じ要領で、偶数段の編始めを2と同様に編み、奇数段を表目で編むことを繰り返し、11段めまで編んだところ。

6　18段め（裏）。編み残す引返し編み。前段で3目残して、2と同様に裏返した1目めをすべり目して引返す。

7　6と同じ要領で26段めまで編んだところ。

8　27段め（表）。針にかかっている目をすべて表目で編む。4と同様に引き返した目も表目で編む。

70

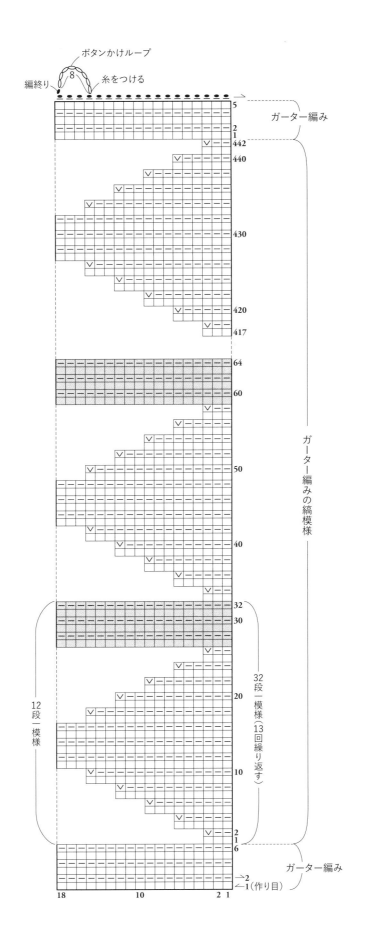

ボタンかけループ

編終り 8 糸をつける

5
ガーター編み
2
1
442

440

430

420
417

64
60

50

40
ガーター編みの縞模様

32
30

20

10

2
1
6

12段一模様

32段一模様（13回繰り返す）

2
1
6
ガーター編み

→2
←1（作り目）

18   10   2 1

□ = |

□ =スカーレット
▨ =ブルーグレー

【　糸　】DARUMA チェビオットウール
　　　　ディープオレンジ(8)540g、生成り(1)130g
【用　具】8号、11号2本棒針　縫い針
【その他】幅2cmの綾テープ50cm、オープンファスナー57〜58cm
　　　　（前端の長さに合わせる）、手縫い糸
【ゲージ】メリヤス編み　17目19.5段が10cm四方
　　　　模様編み　16目18.5段が10cm四方
【サイズ】胸回り108cm、着丈70cm、ゆき丈83.5cm

【編み方】糸は1本どりで、指定以外はディープオレンジで編みます。
前後身頃、袖は、指に糸をかける方法で作り目し、8号針で
変りゴム編みを編みます。11号針に替えてメリヤス編みを
編みますが、前端はガーター編みを編みます。ポケットは
針にかかった目から編み出す方法で48目作り目し、11号
針でメリヤス編みを編みます。前ヨーク、フード回りはポケ
ットと同様に作り目し、8号針で模様編みを編みます。前身
頃と前ヨーク、身頃と袖のラグラン線をすくいとじにします。
フードは目を拾って11号針でメリヤス編みを編みます。ポケ
ットを二つ折りにしてポケット口をすくいとじにし、脇と
袖下をすくいとじにします。左右のフード回りをメリヤスは
ぎでつなぎ、前ヨークとフードにつけます。衿ぐりの裏側に
綾テープを縫いつけ、前端にファスナーをつけます。

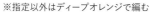

※指定以外はディープオレンジで編む

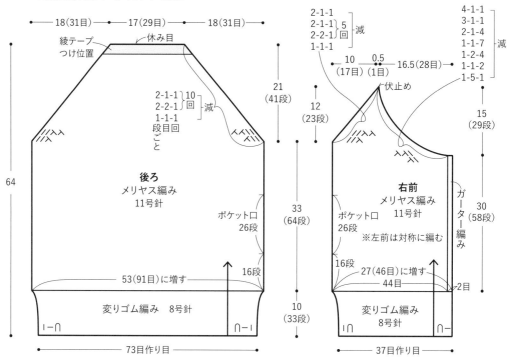

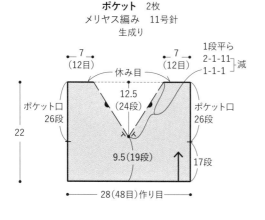

ポケット　2枚
メリヤス編み　11号針
生成り

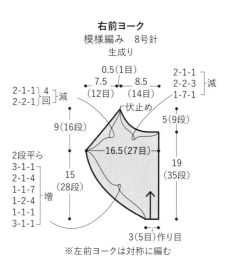

右前ヨーク
模様編み　8号針
生成り

※左前ヨークは対称に編む

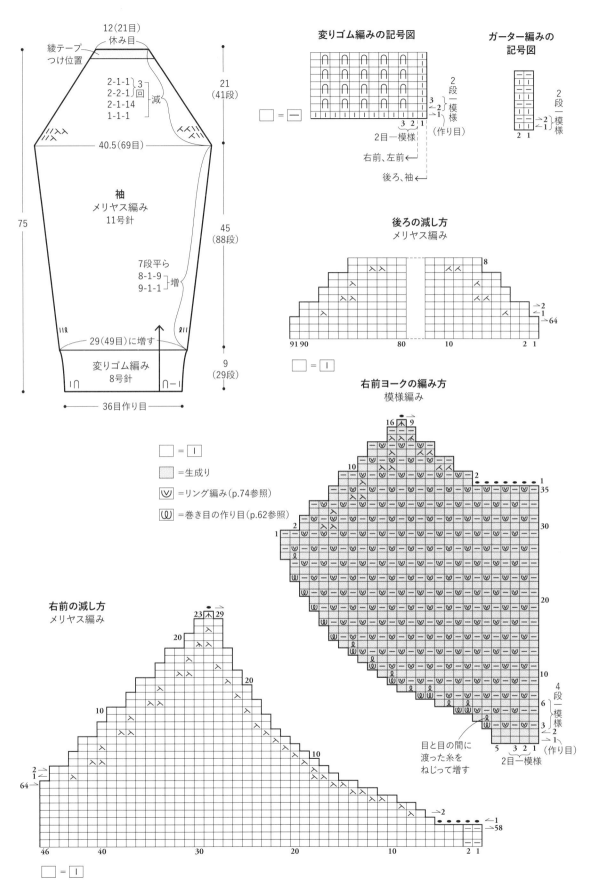

次ページへ続く

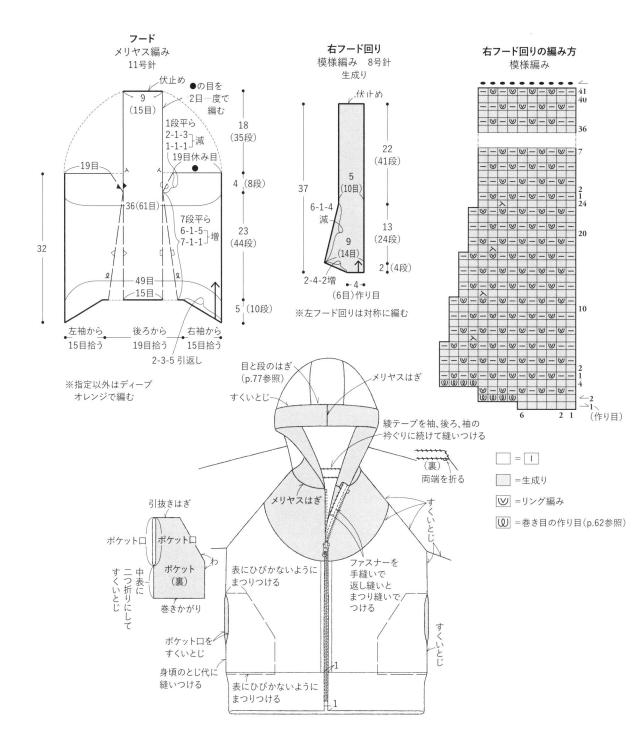

フード
メリヤス編み
11号針

伏止め
●の目を
2目一度で
編む

9（15目）
18（35段）
1段平ら
2-1-3
1-1-1 減
19目休み目
19目
4（8段）
36（61目）
7段平ら
6-1-5
7-1-1 増
23（44段）
32
49目
15目
5（10段）
左袖から 15目拾う
後ろから 19目拾う
右袖から 15目拾う
2-3-5 引返し

※指定以外はディープ
オレンジで編む

右フード回り
模様編み 8号針
生成り

伏止め
22（41段）
5（10目）
37
6-1-4 減
13（24段）
9（14目）
2（4段）
2-4-2増
-4-（6目）作り目

※左フード回りは対称に編む

右フード回りの編み方
模様編み

41
40
36
7
2
4
24
20
10
2
1
4
4
←2
←1（作り目）
6 2 1

目と段のはぎ
(p.77参照)
メリヤスはぎ
すくいとじ
綾テープを袖、後ろ、袖の
衿ぐりに続けて縫いつける
（裏）
両端を折る
メリヤスはぎ
すくいとじ
ファスナーを
手縫いで
返し縫いと
まつり縫いで
つける
引抜きはぎ
ポケット口
ポケット口
ポケット（裏）
中表に二つ折りにしてすくいとじ
わ
巻きかがり
表にひびかないように
まつりつける
ポケット口を
すくいとじ
身頃のとじ代に
縫いつける
表にひびかないように
まつりつける
すくいとじ
1
1

□ = 〔 I 〕
▨ =生成り
〔∪〕 =リング編み
〔∪〕 =巻き目の作り目(p.62参照)

[リング編み] 棒針で作るリング編み。編み地の向う側にリングができるので、裏側で操作します。

1 3段め（裏）。中指に向う側から手前側に向かって2回巻きつけてループを作る。

2 中指を編み地側に折り曲げ、右針で矢印のように糸をすくう。

3 ループをすくったところ。中指にループをかけたまま、矢印のように左針の目に右針を入れる。

4 左針から目を外し、右針を矢印のように、中指のループの中と人さし指にかけた糸にくぐらせる。

フードの編み方

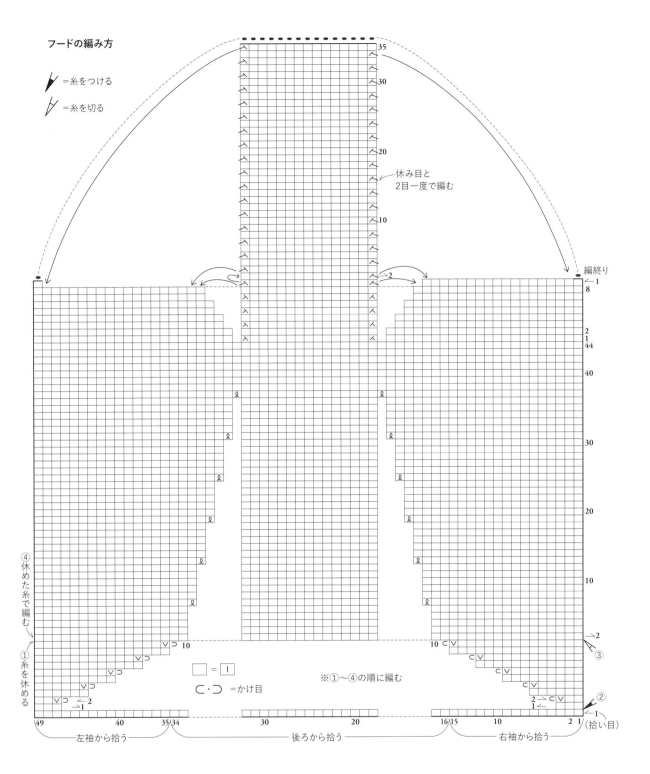

=糸をつける

=糸を切る

休み目と
2目一度で編む

編終り

①～④の順に編む

④休めた糸で編む

①糸を休める

□ = |

⌒・⌐ =かけ目

左袖から拾う 後ろから拾う 右袖から拾う

(拾い目)

5

くぐらせたところ。

6

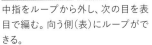

中指をループから外し、次の目を表
目で編む。向う側(表)にループがで
きる。

7

表

8

裏

【　糸　】DARUMA チェビオットウール
　　　　　ディープブルー(4)330g
【用　具】8号、11号2本棒針　毛糸刺繍針　縫い針
【その他】アップルトン クル　ウェルウ ル(刺繍用)
　　　　　オフホワイト(992)、ライムイエロー(997)各2かせ
　　　　　金茶(696)、サーモンピンク(622)、スカーレット(501A)、
　　　　　赤(501)、モスグリーン(527)、ターコイズ(525)、エメラ
　　　　　ルド(434)、ミントグリーン(432)、アップルグリーン(433)、
　　　　　グリーン(435)、トルコブルー(485)、クラウディブルー
　　　　　(746)、スカイブルー(462)、アクアブルー(481)各1かせ
　　　　　幅2cmのブルーのグログランリボン90cm、かぎホック6
　　　　　組み、手縫い糸
【ゲージ】メリヤス編み　16.5目21.5段が10cm四方
【サイズ】胸回り105cm、着丈51.5cm、背肩幅34cm、袖丈50cm

【編み方】糸は1本どりで編みます。
裾、袖口は、それぞれ針にかかった目から編み出す方法で
作り目し、8号針で模様編みを編み、編終りは伏止めにしま
す。前後身頃は、11号針で裾から日を拾ってメリヤス編み
で増しながら52段編み、袖ぐりからは右前、後ろ、左前に
それぞれ分けて肩で引返し編みをしながら編みます。袖は、
袖口から目を拾ってメリヤス編みで増減しながら編みます。
肩を引抜きはぎにします。衿は前後衿ぐりから目を拾って8
号針でガーター編みを編み、伏止めにします。袖下はすく
いとじとメリヤスはぎにし、袖山をいせ込みながら目と段
のはぎとすくいとじで身頃につけます。刺繍位置に刺繍を
し、前端裏側にグログランリボンを縫いつけ、かぎホックを
つけます。

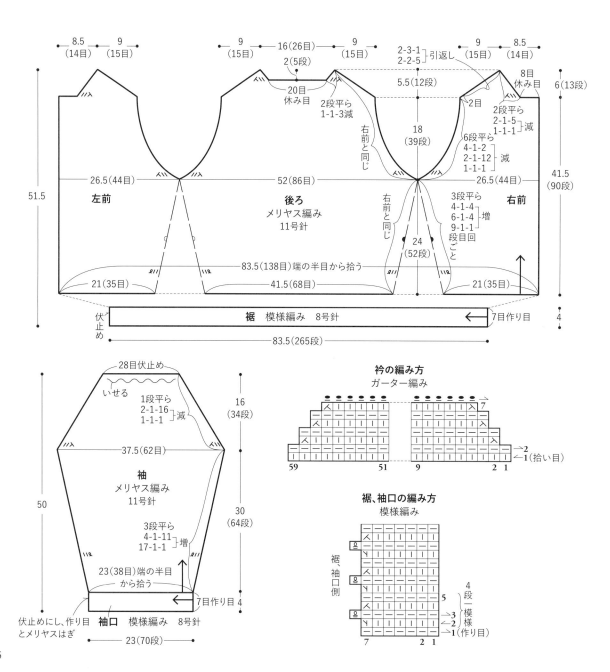

後ろの引返しと衿ぐりの編み方
メリヤス編み

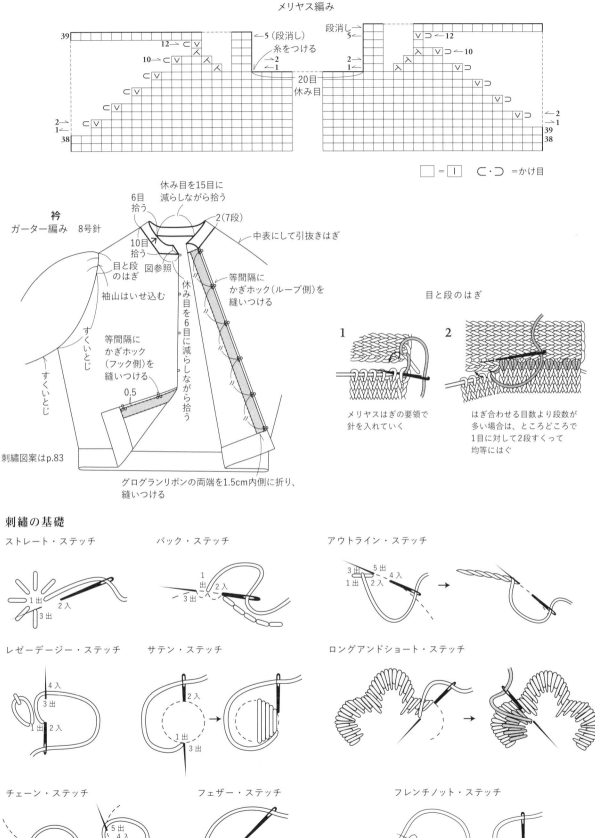

□ = I　⊂・⊃ = かけ目

衿
ガーター編み　8号針

6目拾う

10目拾う

目と段のはぎ

袖山はいせ込む

すくいとじ

すくいとじ

休み目を15目に減らしながら拾う

2(7段)

中表にして引抜きはぎ

図参照

等間隔にかぎホック(ループ側)を縫いつける

休み目を6目に減らしながら拾う

等間隔にかぎホック(フック側)を縫いつける

0.5

刺繍図案はp.83

グログランリボンの両端を1.5cm内側に折り、縫いつける

目と段のはぎ

1
メリヤスはぎの要領で針を入れていく

2
はぎ合わせる目数より段数が多い場合は、ところどころで1目に対して2段すくって均等にはぐ

刺繍の基礎

ストレート・ステッチ
1出　2入　3出

バック・ステッチ
1出　2入　3出

アウトライン・ステッチ
3出　5出　4入
1出　2入

レゼーデージー・ステッチ
4入　3出
1出　2入

サテン・ステッチ
2入
1出　3出

ロングアンドショート・ステッチ

チェーン・ステッチ
3出　2入
1出
5出　4入

フェザー・ステッチ
2入
3出
5出　1入
4入

フレンチノット・ステッチ
1出
2入

77

【　糸　】ジェイミソンズ シェットランドスピンドリフト
　　　　Sholmit (103) 175g、Black (999) 155g、Scarlet (500)
　　　　60g、Natural white (104) 20g
【 用 具 】2号、4号輪針(80cm)　2号、4号4本棒針　毛糸刺繍針
【ゲージ】メリヤス編みの編込み模様　30目30段が10cm四方
【サイズ】胸回り106cm、着丈56.5cm、ゆき丈67.5cm

【編み方】糸は1本どり、指定の配色で編みます。
前後身頃は、針にかかった目から編み出す方法で260目作り目して輪にし、2号針で2目ゴム編みを編みます。4号に替えて300目に増し、メリヤス編みの編込み模様を79段編み、脇で増しながら5段編みます。続けて、袖ぐりのスティークを巻き目で作り目し(p.62参照)、袖ぐりを増しながら47段編みます。肩の引返し編みからは前後に分けて往復に編みます。肩を中表にして段消しの要領でかけ目の処理をしながら引抜きはぎにします。袖は、袖ぐりのスティークを切り開き、95目輪に拾って4号針でメリヤス編みの編込み模様、2号針で2目ゴム編みを編みます。衿ぐりもかけ目の処理をしながら2号針で2目ゴム編みを輪に編みます。スティークを始末します。メリヤス刺繍をします(p.85参照)。

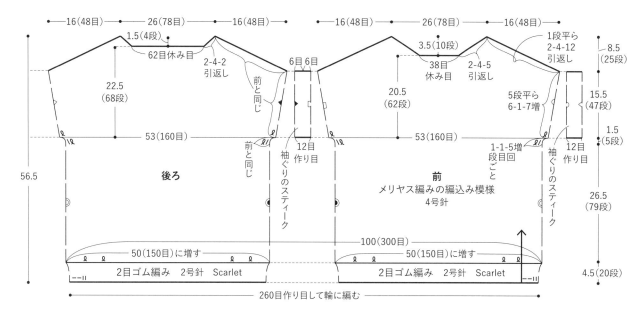

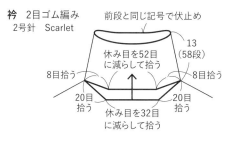

[スティークを切り開く]
スティークとは、あきを作らずに輪に編み、あとから切り開くための切り代。
写真の編み地は作品とは異なります。

1
肩はぎが終わったら、スティーク12目の中央にはさみを入れてまっすぐ切り開く。反対側の身頃を一緒に切らないように注意する。

2
引抜きはぎしたところまで切らないように、1段程度手前でやめる。

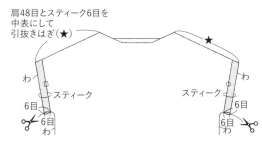

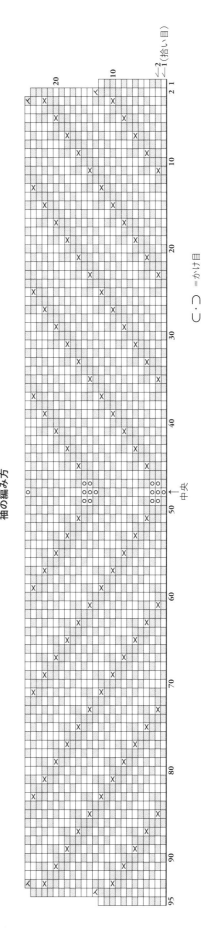

後ろ衿ぐりの編み方

後ろ中央

糸を切る
←25
4 →
2 ←

糸をつける
←1
糸を切る
→2
→4
25 →

袖の編み方

中央

20
10

←2（拾い目）
←1（拾い目）
2 1

□ ・ □ ＝かけ目

□ ＝ □

□ ＝Black(999)

▨ ＝Sholmit(103)

□ ＝Sholmit(103)

☒ ＝Sholmit(103)で編み、あとからNatural White(104)でメリヤス刺繍

Ⓞ ＝Sholmit(103)で編み、あとからScarlet(500)でメリヤス刺繍

次ページへ続く

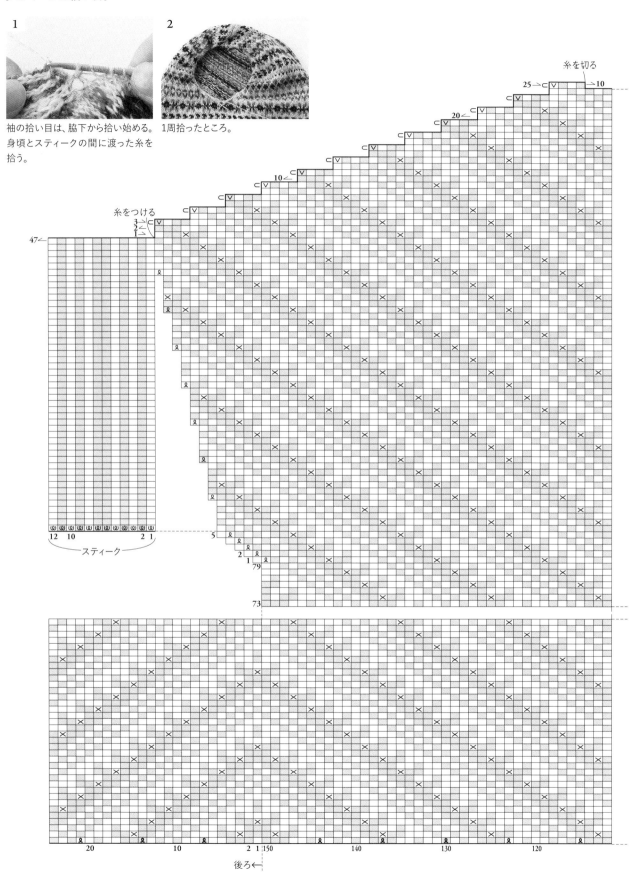

1

2

糸を切る

袖の拾い目は、脇下から拾い始める。
身頃とスティークの間に渡った糸を
拾う。

1周拾ったところ。

糸をつける

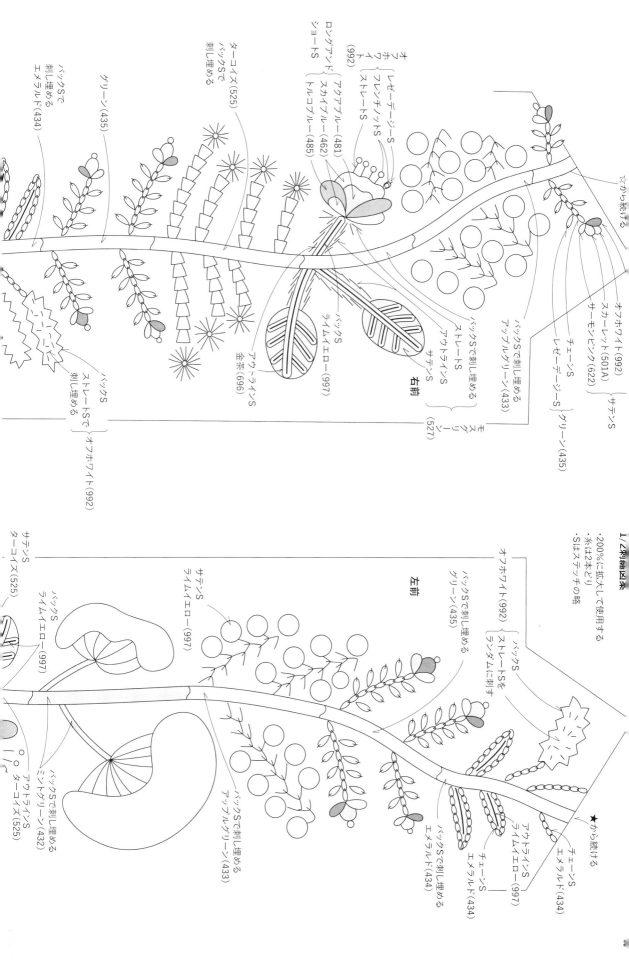

1/乙刺繍図案
・200%に拡大して使用する
・糸は2本どり
・Sはステッチの略

☆から続ける

オフホワイト(992)
スカーレット(501A)
サーモンピンク(622)｝サテンS

チェーンS
レゼーデージーS｝グリーン(435)

バックSで刺し埋める
アップルグリーン(433)

オーブン
レゼーデージーS
フレンチナッツS
ストレートS
(992)

ロングアンド
ショートS

アウトラインS
スカイブルー(462)
トルコブルー(485)
アクアブルー(481)

ターコイズ(525)で
刺し埋める

グリーン(435)

ターコイズ(525)で
刺し埋める
エメラルド(434)

バックSで
刺し埋める
オフホワイト(992)

ストレートS
アウトラインS
サテンS
グリーン(527)
モスS

バックS
ライムイエロー(997)

アウトラインS
金茶(696)

右前

バックSで刺し埋める
ストレートSで
刺し埋める

バックS
ストレートSで
刺し埋める
オフホワイト(992)

オフホワイト(992)
バックSで刺し埋める
グリーン(435)

バックS
ストレートSを
ランダムに刺す

左前

右前

サテンS
ライムイエロー(997)

バックS
ライムイエロー(997)

サテンS
ターコイズ(525)

アウトラインS
ターコイズ(525)

バックSで刺し埋める
ミントグリーン(432)

バックSで刺し埋める
アップルグリーン(433)

★から続ける

チェーンS
エメラルド(434)

アウトラインS
ライムイエロー(997)

チェーンS
エメラルド(434)

バックSで刺し埋める
エメラルド(434)

前の編み方

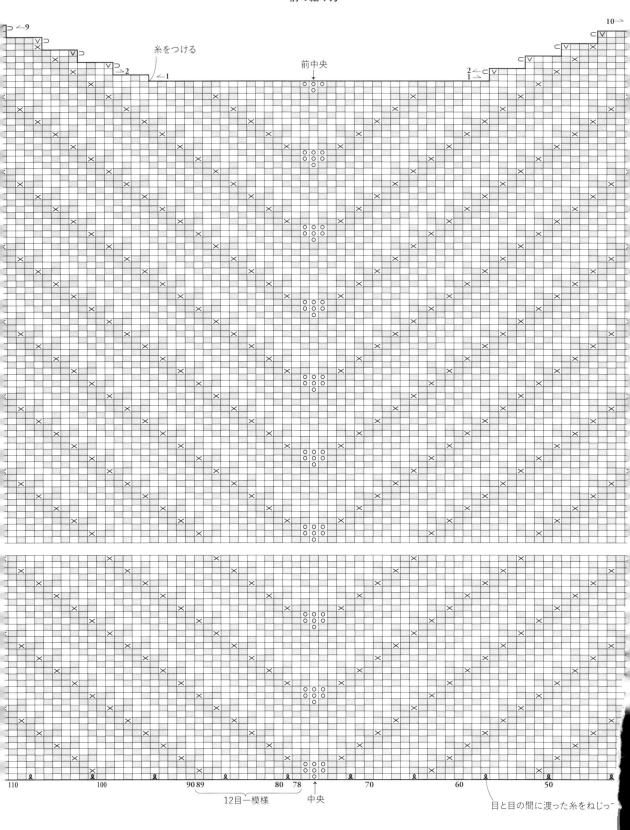

12目一模様　　　　中央　　　　目と目の間に渡った糸をねじっ

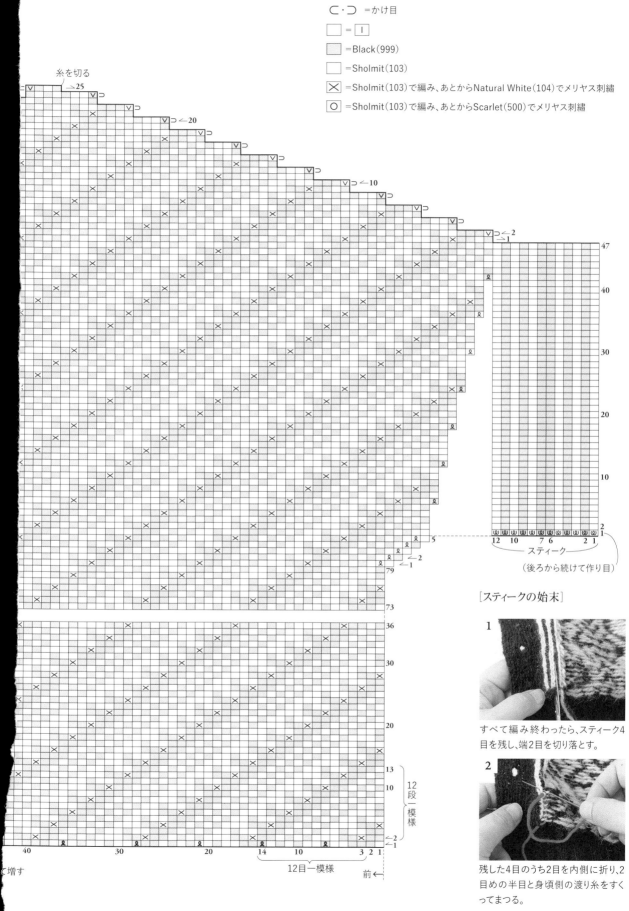

⊂・⊃ =かけ目

□ = │

▨ =Black(999)

□ =Sholmit(103)

☒ =Sholmit(103)で編み、あとからNatural White(104)でメリヤス刺繍

○ =Sholmit(103)で編み、あとからScarlet(500)でメリヤス刺繍

糸を切る

→25

←20

←10

←2
←1

47

40

30

20

10

2
1

12 10 7 6   2 1

スティーク

(後ろから続けて作り目)

79

5

←2
←1

73

36

30

20

13

10

12
段
一
模
様

←2
←1

40   30   20   14   10   3 2 1

12目一模様

前←

て増す

[スティークの始末]

1

すべて編み終わったら、スティーク4
目を残し、端2目を切り落とす。

2

残した4目のうち2目を内側に折り、2
目めの半目と身頃側の渡り糸をすく
ってまつる。

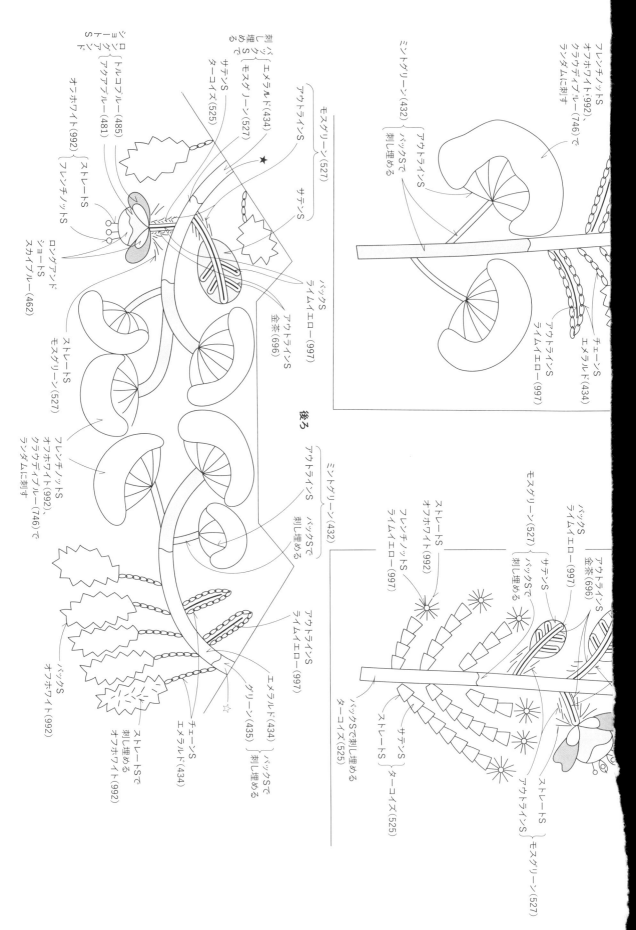

フレンチノットS
オフホワイト(992)、
クラウディブルー(746)で
ランダムに刺す

ミントグリーン(432){ アウトラインS
バックSで
刺し埋める }

チェーンS
エメラルド(434)
アウトラインS
ライムイエロー(997)

後ろ

モスグリーン(527){ アウトラインS
サテンS }

バックS
ライムイエロー(997)
アウトラインS
金茶(696)

バック{エメラルド(434)
刺し埋める
レン{モスグリーン(527)}
める
サテンS
ターコイズ(525)

アウトラインS(434)

オフホワイト(992){ ストレートS
フレンチノットS }

{トルコブルー(485)
ジョロ{レ ン アクアブルー(481)
ー ジ チ ング{ロングアンド
ョ S ノ ショートS
ーフ ッ フレンチノットS
ト ド ト S スカイブルー(462)

ストレートS
モスグリーン(527)

フレンチノットS
オフホワイト(992)、
クラウディブルー(746)で
ランダムに刺す

ストレートS
エメラルド(434)

チェーンS
エメラルド(434)
ゲリーン(435){ バックSで
刺し埋める }

バックS
オフホワイト(992)

ミントグリーン(432){ アウトラインS
バックSで
刺し埋める }

モスグリーン(527){ ストレートS
オフホワイト(992)
フレンチノットS
ライムイエロー(997) }

サテンS{ バックSで
刺し埋める }

アウトラインS
金茶(696)
バックS
ライムイエロー(997)

エメラルド(434){ アウトラインS
ライムイエロー(997) }

バックSで刺し埋める
ターコイズ(525)

サテンS
ストレートS

ストレートS
アウトラインS}ターコイズ(525)

アウトラインS}モスグリーン(527)

【　糸　】Miknits アラン
　　　　　ラベンダー400g、エメラルド20g、えんじ10g、ネイビー5g
　　　　　Miknits キッドモヘア
　　　　　オフホワイト25g
【用　具】9号、12号2本棒針
【ゲ ー ジ】メリヤス編み、メリヤス編みの編込み模様A、B
　　　　　15.5目22段が10cm四方
【サ イ ズ】胸回り120cm、着丈54cm、ゆき丈67.5cm

【編 み 方】糸は1本どり、指定の配色で編みます。
　後ろは、針にかかった目から編み出す方法で80目作り目し、12号針でメリヤス編みとメリヤス編みの編込み模様A、2目ゴム編みを編みます。肩は引返し編みをし、肩と衿ぐりを続けて伏止めにします。前は同様に作り目し、メリヤス編みの編込み模様B、2目ゴム編みで編み、肩と衿ぐりも後ろと同じ要領で編みます。袖も同様に作り目し、メリヤス編みで増しながら編み、袖山は引返し編みをして伏止めにします。裾と袖口は9号針で目を拾い、2段めで指定の目数に減らしながら2目ゴム編みを編みます。肩を引抜きはぎ、脇、袖下はすくいとじにします。袖を引抜きとじでつけます。メリヤス刺繍をします。

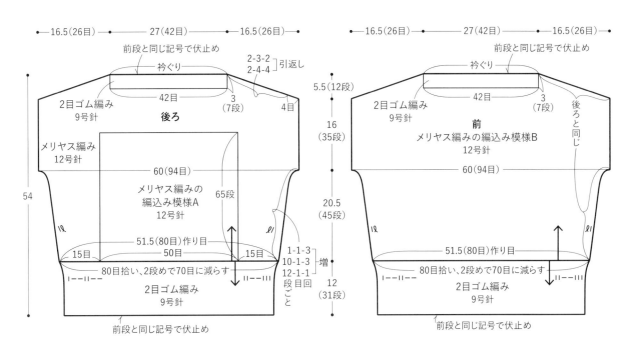

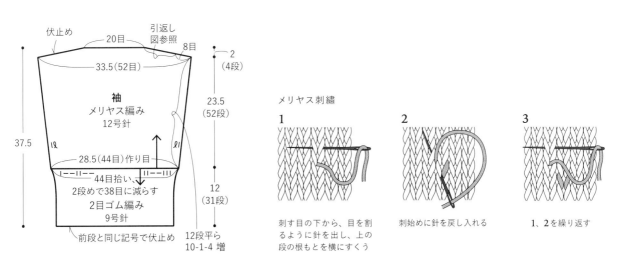

メリヤス刺繍

1　刺す目の下から、目を割るように針を出し、上の段の根もとを横にすくう

2　刺始めに針を戻し入れる

3　1、2を繰り返す

次ページへ続く

メリヤス編みの編込み模様A

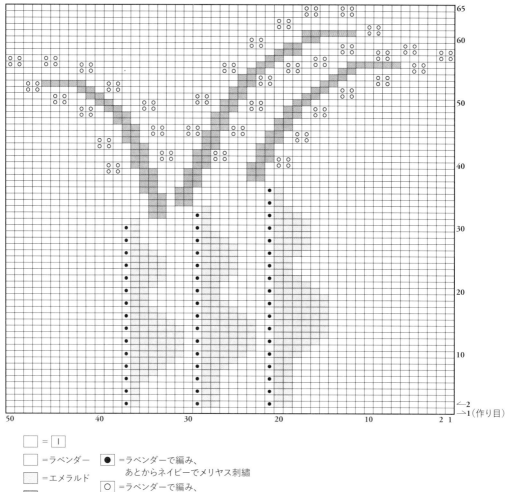

裾、袖口の編み方
2目ゴム編み

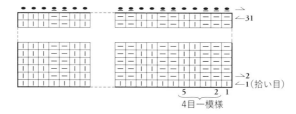

袖山の編み方
メリヤス編み

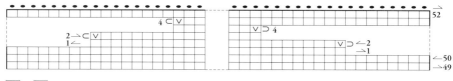

前の編み方

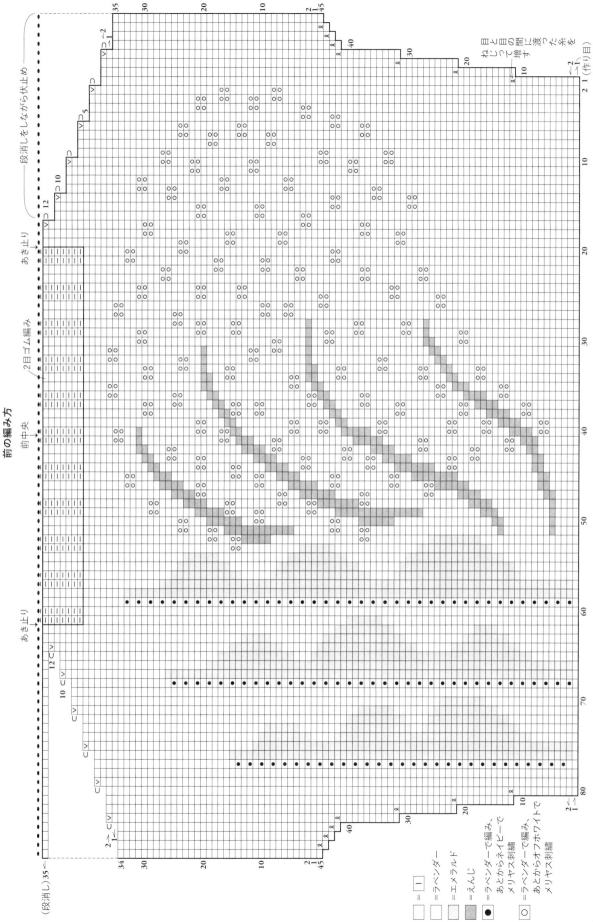

= I = ラベンダー

= ラベンダー

= エメラルド

= えんじ

● = ラベンダーで編み、
あとからネイビーで
メリヤス刺繍

○ = ラベンダーで編み、
あとからオフホワイトで
メリヤス刺繍

87

p.18, 36　白い帽子・黒い帽子

【　糸　】Miknits アラン
　　　　　p.18　生成り90g
　　　　　p.36　ブラック75g
【 用 具 】12号4本棒針
【 ゲ ー ジ 】1目ゴム編み　24目21段が10cm四方
【 サ イ ズ 】頭回り55cm、深さ24cm（生成り）、22cm（ブラック）

【 編 み 方 】糸は1本どりで編みます。
　　　　　針にかかった目から編み出す方法で72目作り目して輪にし、
　　　　　1目ゴム編みで増しながら21段編み、増減なく10段編みま
　　　　　す。トップを図のように減らし、残った36目に糸を1目おき
　　　　　に2周通して絞ります。生成りのみポンポンを作ってトップ
　　　　　につけます。

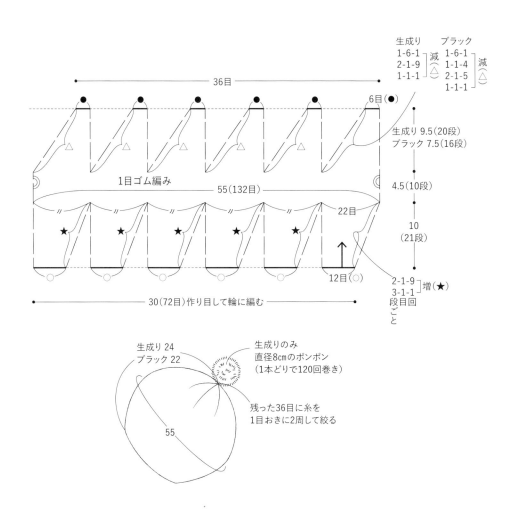

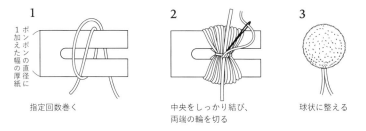

ポンポンの作り方

1
ポンポンの直径に1加えた幅の厚紙
指定回数巻く

2
中央をしっかり結び、両端の輪を切る

3
球状に整える

ブラックのトップの減し方

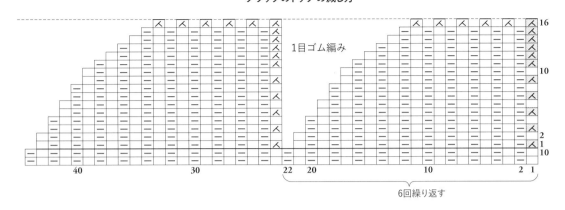

1目ゴム編み

6回繰り返す

生成りの編み方

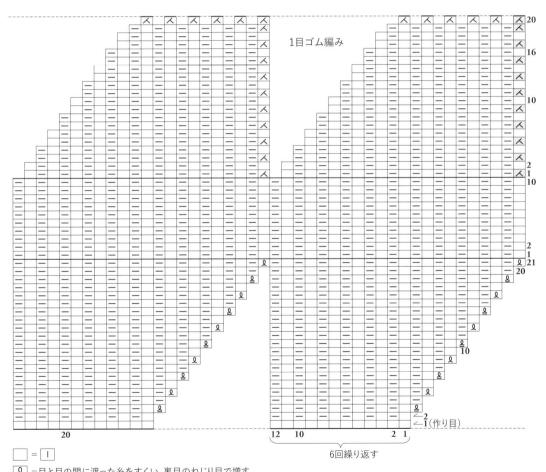

1目ゴム編み

6回繰り返す

$\boxed{}$ = $\boxed{I}$

= 目と目の間に渡った糸をすくい、裏目のねじり目で増す

= 目と目の間に渡った糸をすくい、表目のねじり目で増す

= 前段の最後の目と左上2目一度で編む

【　糸　】ジェイミソンズ シェットランドスピンドリフト
　　　　　Mogit(107)160g、Espresso(970)85g、Turf(144)30g、
　　　　　Rosewood(236)、Emerald(792) 各20g、Pine Forest
　　　　　(292)15g、Ruby(242)、Rye(140)、Old Gold(429) 各
　　　　　10g
【 用 具 】2号、4号輪針(80cm)　2号、4号4本棒針
【その他】直径1.7cmのボタン6個
【ゲージ】メリヤス編みの編込み模様　26目32段が10cm四方
【サイズ】胸回り150cm、着丈54.5cm、ゆき丈73cm

【編み方】糸は1本どり、指定の配色で編みます。
　　　　　前後身頃と前端のスティークは、別鎖の作り目で301目作り目して輪にし、4号輪針でメリヤス編みの編込み模様を増しながら26段編みます。続けて、右前、右袖ぐりのスティークの巻き目の作り目(p.62参照)、後ろ、左袖ぐりのスティークの巻き目の作り目、左前を輪に編みます。袖ぐりで増減し、衿ぐりを減らしながら76段編みます。肩の引返し編みからは左前〜右前、後ろに分けて往復に編み、右前肩と後ろ左肩は段消しをしながら編みます。肩は中表にして、後ろ右肩、左前肩は段消しの要領でかけ目の処理をしながら引抜きはぎにします。裾は、前端のスティークを切り開き(p.78参照)、別鎖をほどいて目を拾い、2号針で2目ゴム編みを編みます。袖は、袖ぐりのスティークを切り開き、119目輪に拾って(p.80参照)、4号針でメリヤス編みの編込み模様、2号針で2目ゴム編みを編みます。前立て衿は、前端と衿ぐりから目を拾い、2号針で2目ゴム編みを編みますが、右前にはボタン穴をあけます。スティークを始末します(p.82参照)。左前にボタンをつけます。

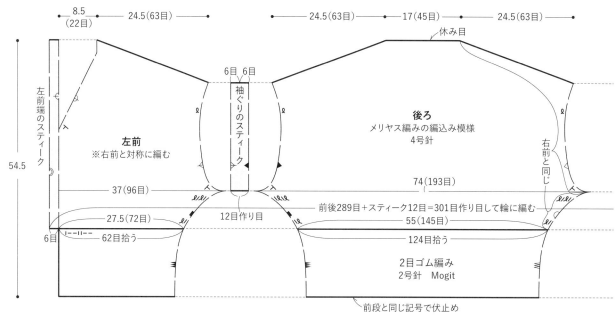

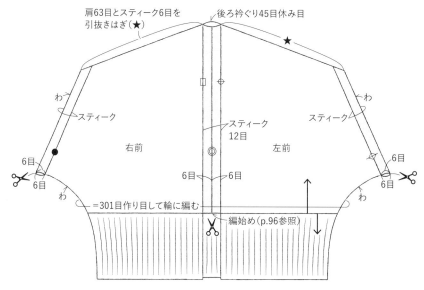

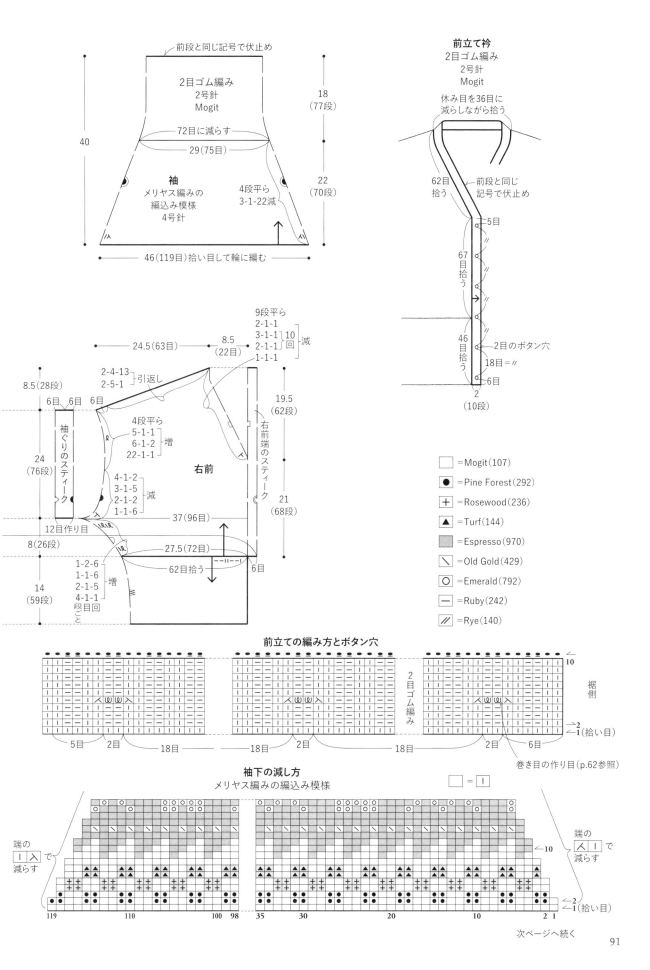

前段と同じ記号で伏止め

2目ゴム編み
2号針
Mogit

18
(77段)

72目に減らす
29(75目)

40

袖
メリヤス編みの
編込み模様
4号針

22
(70段)

4段平ら
3-1-22減

へ

46(119目)拾い目して輪に編む

前立て衿

2目ゴム編み
2号針
Mogit

休み目を36目に
減らしながら拾う

62目
拾う

前段と同じ
記号で伏止め

5目

67目
拾う

2目のボタン穴

46目
拾う

18目=〃

6目

2
(10段)

9段平ら
2-1-1
3-1-1 } 10
2-1-1 } 回 減
1-1-1

24.5(63目)　8.5
(22目)

2-4-13 } 引返し
2-5-1

8.5(28段)

6目　6目　6目

袖ぐりのスティーク

24
(76段)

4段平ら
5-1-1
6-1-2 } 増
22-1-1

右前

19.5
(62段)

右前端のスティーク

4-1-2
3-1-5 } 減
2-1-2
1-1-6

21
(68段)

37(96目)

12目作り目

8(26段)

27.5(72目)

62目拾う

6目

14
(59段)

1-2-6
1-1-6
2-1-5 } 増
4-1-1
段目回
ごと

□ = Mogit(107)
● = Pine Forest(292)
＋ = Rosewood(236)
▲ = Turf(144)
▨ = Espresso(970)
＼ = Old Gold(429)
◯ = Emerald(792)
— = Ruby(242)
〃 = Rye(140)

前立ての編み方とボタン穴

2目ゴム編み

5目　2目　18目　18目　2目　18目　2目　6目

10

裾側

2
1(拾い目)

巻き目の作り目(p.62参照)

□ = I

袖下の減し方

メリヤス編みの編込み模様

□ = I

端の I 入 で減らす

端の 入 I で減らす

10

2
1(拾い目)

119　110　100　98　　35　30　20　10　2　1

次ページへ続く

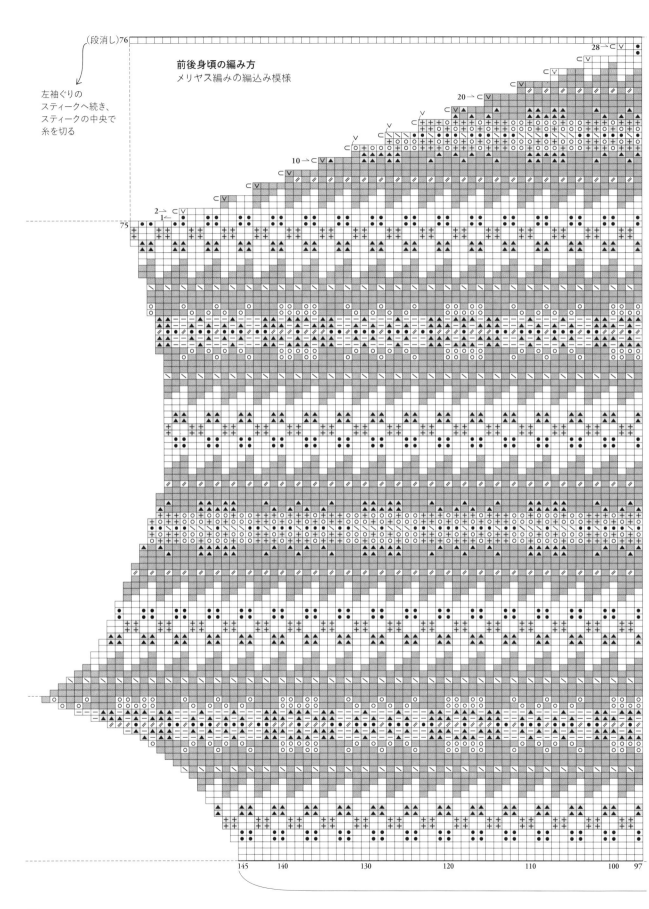

(段消し)76

左袖ぐりの
スティークへ続き、
スティークの中央で
糸を切る

前後身頃の編み方
メリヤス編みの編込み模様

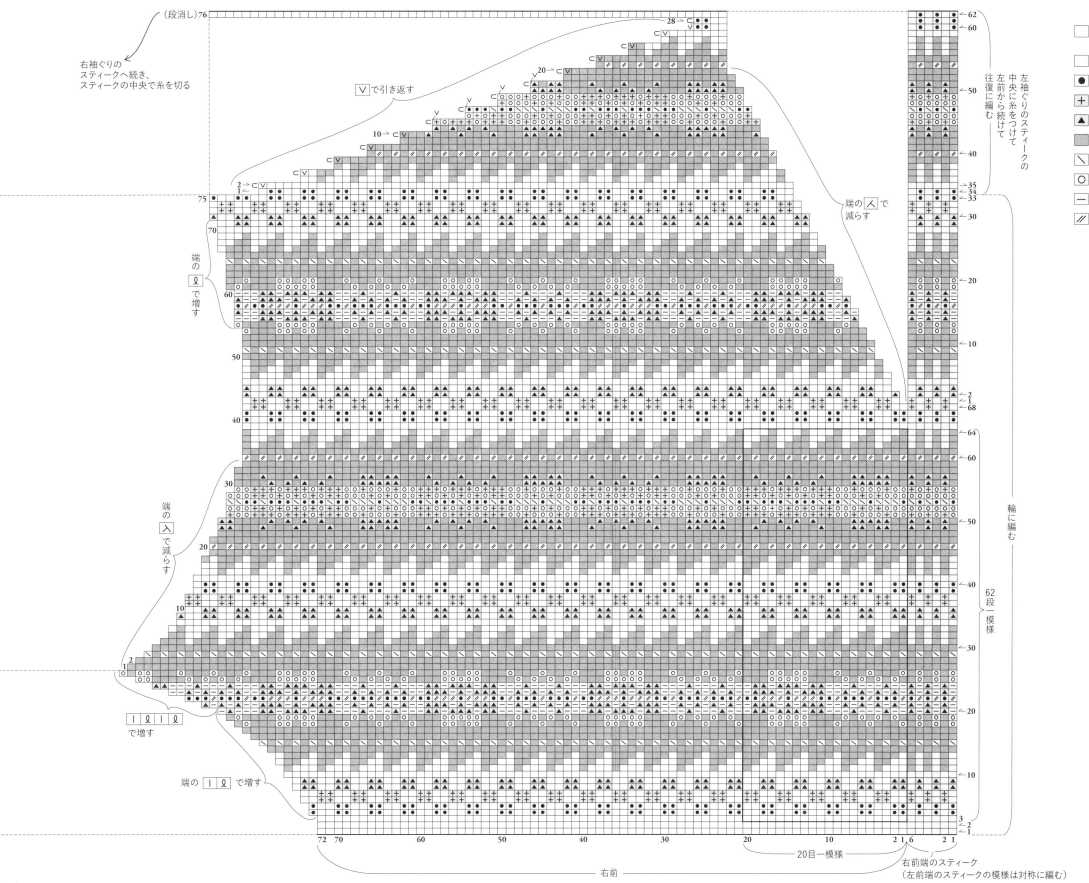

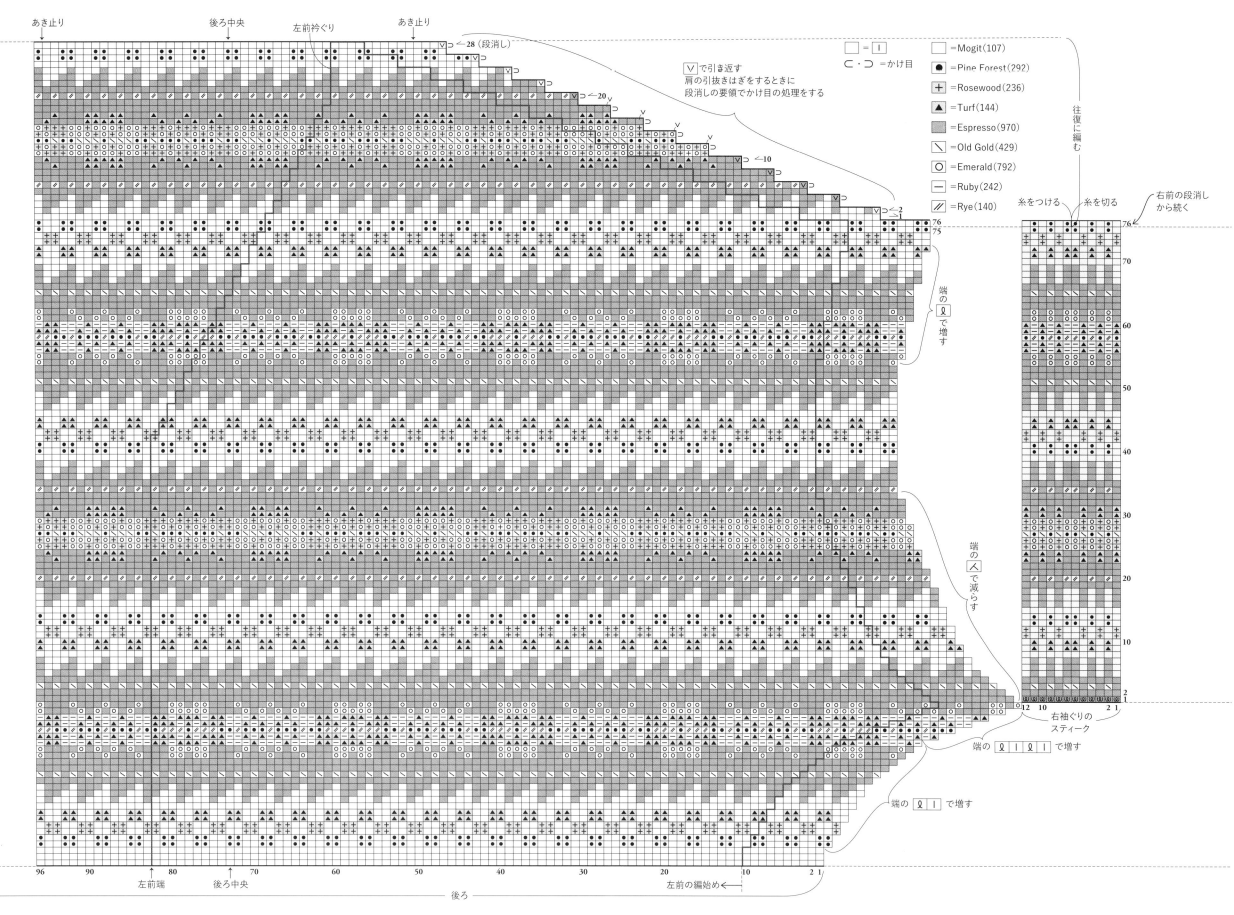

あき止り　　　　　　後ろ中央　左前衿ぐり　　あき止り

∨で引き返す
肩の引抜きはぎをするときに
段消しの要領でかけ目の処理をする

←28（段消し）

□ = |
⊂・⊃ =かけ目

□ =Mogit(107)
● =Pine Forest(292)
+ =Rosewood(236)
▲ =Turf(144)
▨ =Espresso(970)
＼ =Old Gold(429)
○ =Emerald(792)
− =Ruby(242)
∥ =Rye(140)

糸をつける　糸を切る

右前の段消し
から続く

右袖ぐりの
スティーク

端の ℓ | ℓ | で増す

端の ℓ | で増す

96　90　　80　70　　60　　50　　40　　30　　20　　10　2 1

左前端　　後ろ中央　　　　　　　　　　　左前の編始め←

━ 後ろ ━

フキノトウのセーター

3月の北海道で、春の先触れの花々がポコポコと顔を出しているのに出会いました。
地面近くから大きな水色の空を見上げる、フキノトウにフクジュソウ。
なんだか胸がいっぱいになって、東京に帰るなり、編み針を掴んで4、5日で編み上げました。
前身頃には「薹の伸びたフキノトウ」を1本にょきっと、後ろ身頃にはフクジュソウを6本点々と。
裾と手首はゴム編みの代わりに、霜柱のようなレース模様で編みました。

See page 6
How to make page 44

花のボディス

19世紀ヨーロッパの女性用ボディス（上衣）から発想した、ややショート丈のニットジャケット。
シェイプした身頃とパフスリーブ、裾と袖口のガーターに施されたピコット飾りに、花の刺繍……と、
フェミニンな要素をきゅっと盛り込んでいます。
身頃を縦断しながらさまざまに形を変えるのは、わたしの手がひとりでに咲かせた気まぐれな花。
子供がらくがきをするように、急がず、楽しんで刺繍していただけたらと思います。

See page 24
How to make page 76

蔦の靴下

ツルと葉がシュルシュル伸びていけるよう、前段とのつながりに注意を払いながら編んでください。
わたしは時々かけ目を忘れたまま次の段まで編んでしまい、何度もほどいてやり直しました。
こういうリピート模様には、催眠効果があるのかもしれない。

See page 9

How to make page 48

アランのセーター

・衿ぐりはスリットにして、ゴム編みなどのヘムはつけずに編みっぱなしにする。
・肩線をスキー場の斜面のような長い傾斜にする。
・前身頃より後ろ身頃を広くとり、コクーンシルエットを作る。
・裾と袖の長いリブで体と接する面積を確保する。
・フォルムに意匠を盛り込む分、デコラティブな模様は中央にまとめてバランスをとる。

というような企てが初めにありました。
イメージできたらあとは編むだけなんですが、なかなか思うようにいかず、何度もやり直しました。
ようやく「これならオッケー」というところに持ち込めた時の安堵といったら。
真横から見た衿ぐりのぴょんと尖った格好が、このセーターの一番の見どころです。

See page 9

How to make page 55

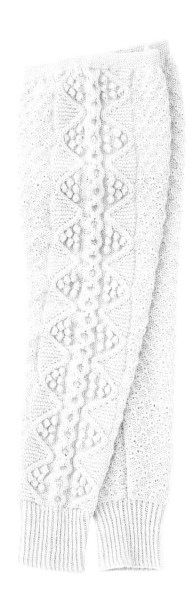

アランのパンツ

'90年代前半、雑誌のファッションページで小山田圭吾さんが
JUNYA WATANABEのニットパンツを履いていて、
それがものすごくかっこよかったんです。
欲しかったけれど買えなくて(わたしの月給の半分くらいの値
段だった)、コピーというにはあまりに拙い真似っこニットパン
ツを作ったのが懐かしい。
さて、このアランのパンツ。形は股上深めでゆったりしたシルエッ
ト。身長160センチ弱のわたしが履いて、裾が少したゆんとする
長さです。
編む順番としては、まず股下を往復で編み、輪につなげて股上
を編みます。輪にしてからは編み地の重さが結構腕に来るので、
テーブルなどに編み地を置いて、後半を乗り切ってください。

See page 10

How to make page 58

白い帽子・黒い帽子

ビーニー(beanie)とベレー(beret)の中間のような、コロンとしたフォルム。
色々なニット帽の中でも、この形が一番使い勝手がいいようです。
ゴム編みベースで編み方も大変シンプルですが、編み地を6分割して行う、増し目と減し
目のリズムも楽しく、最終段の「全目を2目一度」にはカタルシスに似た快感があります。
一つ完成させるとすぐにまた作りたくなりますよ。

See page 18(白い帽子)**, 36**(黒い帽子)
How to make page 88

ムササビのフェアアイルカーディガン

こういう「ムササビ」っぽい形のウエアをよく作ります。風をはらみ木々を渡るあの生き物に、
わたしはちょっと、なってみたいのかもしれない。
中に入れたフェアアイルは、大小の柄を交互に配したいわゆる王道の柄行きですが、
引きで見たときに主張がありつつ、落ち着いていて(まるでいいサビのあるフォークソングのよう)、
長く踏襲されたやり方には、やっぱり理由があるんだなと思う。
枯れた芝生にクローバーが残る、冬のグラウンドみたいな色使いで。

See page 28
How to make page 90

スズランのセーター

ふわふわとこぼれる白い花が壮観でしょう？
本当のスズランはもう少し楚々として、シャイな感じの花ですが、
これくらい大きく描くのが、今のわたしの気分です。
柄は一部が編み込みで、後からメリヤス刺繍を足す方法。
規則性がないので、模様同士の縦横の位置関係をチェックしながら花を足していってください。
着ると自然に、首すじがすっと伸びます。

See page 21
How to make page 85

もじゃもじゃパーカ

マレーグマのパーカ、と思って編んで編集者に提出したら
「サンタさんですね！」と（100%の確信とともに）言われました。
どっちでも、お好きなように受け取っていただけたらいいです。
女性のM～L、男性のS～Mくらいのサイズ。
両サイドに白いポケット付きです。

See page 31
How to make page 72

アイスのミトン

アイスキャンディー好きのあなたに捧げるミトン。
フレーバーはそれぞれイチゴ味、ソーダ味、レモン味（「あるいはコーンポタージュ味」）です。
ポツポツとした「具」は、配色糸を表と裏、交互に渡して入れるのですが、これは「編み込む」という
より「織り込む」という方が近い作業です。
とても簡単ですし、色もこれらに限りません。ぜひみなさん独自のフレーバーを開発してください。

See page 14
How to make page 62

サボテンの靴下

かけ目と減し目のコンビネーションで、サボテンのずんぐりし
た枝ぶりを表しています。
左右ほぼ同形ですが、つま先の減し目の仕方に差があるので、
アテンション・プリーズ。
クリスマスツリー用、つまり片方だけにしないために、勢いで
両足分編んでしまいましょう。

See page 13

How to make page 50

ダリアのマフラー

赤と黒のカシミヤマフラー。
ダリアを赤にすればもっとストレートにかわいいけれど、黒にした方が着
る人の内面を想像させるし、引き立てるのでは、という可能性に賭けまし
た（言葉が大げさですが、赤と黒ってそういうことを思わせる色ではないで
すか？）。
かぎ針編みのモティーフは編み切った状態では、中央が膨らんでくしゃっ
としているので、一枚ずつアイロンで伸ばし、形を整えてから繋ぎます。
端っこのタッセルは、ある方がうんと素敵なので、ぜひつけていただきたい。

See page 12

How to make page 43

アナトリア柄のセーター

全面に配したのはアナトリア半島の伝統柄です。
カラフルな太い毛糸で、靴下を編むのに使うことが多い柄ですが、
色調を抑えて繊細に編むと、すっかりおもむきが変わります。
複雑に見えても12段のリピート模様なので、何度か繰り返すうちに覚えますし、
そうすると勢いがついて、とても軽やかに手が進むはず。
点々とした赤い模様はメリヤス刺繍。広漠とした草原の夕闇に、炎が灯ったようではないですか。

See page 34

How to make page 78

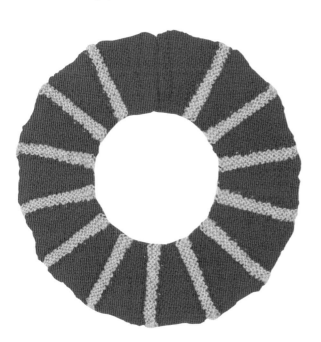

ピエロ衿

アンゴラ糸でガーター編みしているので、肩に載せるとほんのりあったかいんですよ。引返し編みの台形のユニットを繰り返して、真円になったら出来上がり。
ゆるくドレープの出る「ピエロカラー」ですが、ユニットの数を1、2回分減らすと、フラットに肩に沿う、よりナチュラルな衿になります。
ネックレス代わりに、スウェットの首にくるっと巻くとか、かわいいのでは。

See page 27

How to make page 70

スキーヤーの帽子

子供の頃、叔父がフランスのシャモニーから土産に買ってきて
くれた帽子がありました。
白い糸できっちりと機械編みされたスキー帽で、ちょうどこん
な風にてっぺんが尖り、家族からは「イカ帽」と呼ばれていまし
た。こちらはその思い出のイカ帽の形を踏襲しています。
白いモヘア糸で描く「斜面」はインターシャで、2目ゴム編みの
箇所は糸さばきが少々ややこしいですが、仕上りにスキーヤー
を刺繍することを楽しみに、鼻歌を歌いながら進んでください。
曲はもちろん「スキー」、そして「雪山讃歌」です。

See page 17
How to make page 66

海のミトン

「海」といっても、マリンっぽく爽やかというよりはミステリアスで、
もしかしたら色柄がちょっと不気味かもしれない。
少し込み入った模様に見えますが、操作は意外とシンプルです。各段、使う糸は1本だけ。
すべり目と交差で黄色い「ネット」をネイビーのベースにかぶせていきます。
サンゴとかウミウシとか、どこか海洋生物を思わせますね。

See page 18
How to make page 68

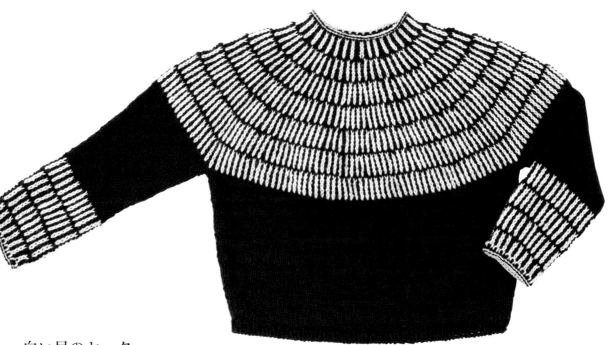

白い貝のセーター

北アメリカ先住民族のシャイアン族の素敵なドレスを見たのです。
インディゴ染めらしいヨークに、細長い白い貝を7層に並べた大胆なデザインで、このセーター
バージョンを作ってみたいと思いました。
さて「貝」を毛糸で表すために、どうするか。すぐに思いついたのは靴下のかかとに使う「ヒール
ステッチ」でした。それもすべり目に加え、地糸部分は1段おきに裏目を交えます。こうすると
手で撫でたくなるような凹凸が出て、テクスチャーが地味にほのぼのと、かわいい。増し目は無
地の段で行うので、編み目の数にだけ集中できます。

See page 19

How to make page 52

青と黄色の帽子

ドライブ編みを引き上げて交差させた、変りヘリンボーン模様。
カラフルな鳥が群れ飛ぶ様子にも、あるいは人々が輪になって
手をつないでいる姿にも見えますね。
これを編んだ当時はロシアによるウクライナ侵攻が始まった頃
で、半ば無意識にウクライナの国旗の色の毛糸を手に取ってい
ました。
一周が88目という目数の少なさですが、ガーター地がベース
になっているために編み地が横に伸びます。トップに行くほど
ドライブ編みがゆるみがちなので、「巻き目」の手加減に気を配
るとすっきり仕上がります。

　See page 16

How to make page 64

中学生の頃、
受験勉強をしなくてはならないある冬の夜に、
ふと視界に入った、赤い毛糸玉。
それはたぶん祖母の編み物セットで、
一緒に入っていた編み棒とともに、見よう見まねで編み物を始めた。

毎日少しずつ、半信半疑で。
小さなごわごわとしたマフラーが完成した。

そこから、冬になると思い出したように編み物をするようになった。
編み物が好きになった。
何にも考えずに手を動かしていると、自然と心も整理されていくこと。
ひゅーっと高い場所から編み物をしている自分を見ているような。
しばらく会っていない友達との対話が始まるような。
そんな瞬間が生まれること。

編み物を自分でするようになると、
いろいろな物をひっくり返して見るのがたのしくなる。
編み目のひとつひとつが、かわいらしく見えてくる。

そんな頃に出会ったのが、緑色の手袋だった。
どこか遠い国からやって来たような色、かたち。
自己流でしか編み物をしたことのない私からすると、
これをどうやって編むのか、見当もつかない。
ひっくり返して裏側を見てみると、書き込まれた美しい楽譜のようだった。
そして、その手袋は、
そこには居ないどなたかが編んだ作品であること。

いろいろな初めて尽くしに、ドキドキして、
でも、レジでお会計をしたら、パッと自分の手袋に変わったことに、
なんだか不思議な気持ちになったのを憶えている。

そこからぐ━んと、20数年。
実は、この手袋が三國さんの作品なのかは、半信半疑でした。
でも、本屋さんで初めて三國さんの編み物本を見た時から、
きっとこの方の作品だと、なぜかそう思っていました。

今回の旅の準備は、1番最初に緑色の手袋をトランクに入れました。

手袋をお見せした瞬間の、三國さんのお顔。
そのあとの、独り言のようにつぶやいてらした「匂う匂う匂う〜」
当時のご自分の手癖、重ねた工夫が、たくさん詰まっていて、
それが、見て取れる。匂う。という意味。

昔から、ひとの編む姿を見ることが好きだったけれど、
旅のあちらこちらで編む三國さんを見ていたら、なぜ惹かれるのか、
わかった気がした。

編むは、祈るに似ている。
そんな風に思いました。

市川実日子

約3年かけて、この本に収めるニットを編みためました。
それはコロナ禍の「ステイホーム」の期間とほぼ重なります。
思うように外出できない日常に、外の世界を夢見ながら編んだ作品群であることを、
たとえば異国風であったり、ファニーだったりする（笑うと空気をたくさん取り込みますよね）、
これらのニットの一点ずつに感じていただけたらとてもうれしい。
振り返れば忍耐を要する長い期間でしたが、手元の作品作りに集中することと、
いつか本という形にまとめるのだという目標が、
わたしを少なからず励まし、また前進させてくれました。
編むということそれ自体が、思えば旅でした。

三國万里子

三國万里子　Mariko Mikuni

1971年新潟県生れ。書籍やキットでの作品発表で活躍する一方、プロダクトデザイン、ヴィンテージ
の洋服や雑貨のバイイング、スタイリング、エッセーの連載なども手がける。気仙沼ニッティング
およびMiknitsデザイナー。著書に『編みものこもの』『編みものワードローブ』『きょうの編みもの』
『冬の日の編みもの』『編みものともだち』『アラン、ロンドン、フェアアイル　編みもの修学旅行』『ミクニッ
ツ大物編』『ミクニッツ小物編』(以上文化出版局)、『うれしいセーター』『I PLAY KNIT.』(以上ほぼ日ブッ
クス)、『編めば編むほどわたしはわたしになっていった』(新潮社)がある。

着る人　市川実日子

デザイン　黒田益朗(クロダデザイン)
撮影　高橋ヨーコ
　　　中辻 渉(p.74-75、78-82)
　　　安田如水(文化出版局／p.43、62-65、70、97-109)
スタイリング　岡尾美代子
ヘアメイク　茅根裕己(Cirque)

DTP製作　文化フォトタイプ(p.43-96)
編み方解説　善方信子
トレース　大楽里美
校閲　向井雅子
編集　三角紗綾子(文化出版局)
撮影協力　Less Higashikawa
衣装協力　● CLOUD NINE　TEL:03-3477-0522
　　　　　p.28のシャツ(HAVERSACK)、p.30のコンビネゾン(HAVERSACK)、p.32のスカート(HAVERSACK)
　　　　　● GLASTONBURY SHOWROOM　TEL:03-6231-0213
　　　　　p.16、18上のセーター(Shetland Woollen Co)、p.18下のコート(Yarmo)、p.22のキャップ(Progress Running Club)、p.22、24のハイネックシャツ(ALWEL)
　　　　　● THE DEARGROUND/OLDMAN'S TAILOR　TEL:0555-73-8845
　　　　　p.9のパンツ(R&D.M.Co-)、p.12のドレスと中に着たセーター(R&D.M.Co-)、p.22のパンツ(参考商品・R&D.M.Co-)、p.24のパンツ(R&D.M.Co-)、
　　　　　p.27のワークコートと中に着たジャンプスーツ(ともに参考商品・R&D.M.Co-)
　　　　　● ROBIN DES BOIS　TEL:06-4391-3991
　　　　　p.20のパンツ(Luv our days)、p.30のソックス(参考商品・Luv our days)

またたびニット

2023年10月28日　第1刷発行
2023年11月15日　第2刷発行

著者　三國万里子
発行者　清木孝悦
発行所　学校法人文化学園 文化出版局
〒151-8524 東京都渋谷区代々木3-22-1
TEL. 03-3299-2487(編集)
TEL. 03-3299-2540(営業)
印刷・製本所　株式会社文化カラー印刷